अधूरे स्वाँगों के दरमियान

[कविता संग्रह]

अधूरे स्वाँगों के दरमियान

सुधांशु फ़िरदौस

राजकमल प्रकाशन

ISBN : 978-93-89577-92-1

मूल्य : ₹395

पहला संस्करण : 2020

प्रकाशक : राजकमल प्रकाशन प्रा. लि.
1-बी, नेताजी सुभाष मार्ग, दरियागंज
नई दिल्ली-110 002
शाखाएँ : अशोक राजपथ, साइंस कॉलेज के सामने, पटना-800 006
पहली मंज़िल, दरबारी बिल्डिंग, महात्मा गांधी मार्ग, इलाहाबाद-211 001
36 ए, शेक्सपियर सरणी, कोलकाता-700 017
वेबसाइट : www.rajkamalprakashan.com
ई-मेल : info@rajkamalprakashan.com

मुद्रक : बी.के. ऑफसेट
नवीन शाहदरा, दिल्ली-110 032

ADHOORE SWANGON KE DARMIYAN
Poems by Sudhanshu Firdaus

अम्मा के लिए

क्रम

बादल डाकिए पेड़ पहरुए

मीर के दीवान को सीने से लगाए

एक छन्द से दूसरे छन्द में लगाई गई छलाँग

बादल डाकिए पेड़ पहरुए

जनपद में अभी-अभी थमी है बारिश

गुलाब की पंखुड़ियों ने
आज धो डाली अपने ऊपर की सारी धूल
हवा के झोंकों ने सुला दिए हैं मक्के के सारे पौधे
झींगुरों के साथ मिलकर गा रही हैं अशोक की टहनियाँ
छप्पर की ओरियानी से अभी भी टपक रही हैं बूँदों की लड़ियाँ
नए-नए रोपे गए धान के खेतों में चल रही है बगुलों की पंचायत
मिट्टी की सोंधी सुगन्ध से मत गया है पूरा जनपद
साफ़ कोरा आकाश फिर से बादलों को दे रहा है निमंत्रण
नदी के उस पार शाम आज कुछ जल्दी ढल चुकी है
एक बूढ़ा चरवाहा सिर पर घास का बोझा उठाए
बिल्कुल भीगा हुआ अपने पैरों को फिसलने से बचाता
मवेशियों को हाँकता चला आ रहा है
जनपद में बारिश अभी-अभी थमी है

शाम का साथी

डूबते सूरज के साथ
रक्ताभ होते आकाश का हल्का नीलापन
मुझे मेरे अन्दर किन्हीं अतल गहराइयों में डुबो रहा है
लगभग सारे पक्षी अपने बसेरों की ओर उड़ चले हैं
नदी किनारे मछलियों से बात करने में मसरूफ़
एक छुट गया है अपने झुंड से
अपनी व्याकुलता और उदासी के साथ
आज की शाम मेरे साथ वही है

जाब

ये दुनिया बिछी रहती है
खेसारी के फुनगे की तरह
वह एक गाय जिसके मुँह पर जाब लगा दिया गया है
लौट आती है आँखों के पानी को समेटे हुए
दरवाज़े पर आते ही खोला जाता है उसका जाब
और सामने रख दिया जाता है बाल्टी भर दाना
सुड़क जाती है जिसे वह एक ही साँस में
लगाया जाता है फिर पछावट
दुहा जाता है उसको

रात को पागुर करते हुए जब वह आँखों को बन्द करती है
ख़ुद को पाती है खेसारी के खेत में चरते हुए

पहली बारिश

वसन्त की पहली बारिश
ले गई बची-खुची ठंड

दुपहर की धूप में
सूख रहा
रात का भीगा कंबल

प्रेमपत्र

बादल डाकिए
पेड़ पहरुए

जंगल में अभी-अभी लौटी है गीदड़ों की बरात
धनक के सात रंगों से
आकाश ने लिखा है
एक प्रेमपत्र

एकतरफ़ा प्यार

बादलों के पीछे छिपा है एक धुनिया
धुन रहा है अनवरत रूई
दूर-दूर तक फैले हैं सूरजमुखी के खेत
बीच से एक साइकिल
दूर जाती हुई...

जाड़े की खिली धूप में
उसका मुरझाया हुआ चेहरा
लगता है लम्बा खिंचेगा यह इन्तिज़ार

हमसफ़र

परछाइयाँ धूप की हमसफ़र हैं
अँधेरा जुगनुओं का यार

रात सबकी है...
चाँद उन सबों का जो उसे हसरत से देख रहे हैं

ज़िद

ज़िद उसे भी है
ज़िद मुझे भी है

हमारा प्यार
दोनो हाथों में
ज़िद की बाल्टियाँ उठाए
सीढ़ियाँ चढ़ रहा है

अमृतपान

शरद की पूर्णिमा
कतिका धान की दुधाई महक
ओस से भीगी दूब पर
जामिद दो नंगे पैर

चाँद को छू लेने की चाह में
गड़हे से बाहर उछल
छटपटा रही हैं
मछलियाँ

गुलज़ारिश

तुम्हारे गालों और ठोढ़ी के बीच ये जो तीन तिल हैं ना
काव्यशास्त्र में वर्णित कवियों के तीन गुण हैं

तुम्हारी आँखों में देखते हुए भूल सकता हूँ
सबसे भयानक तानाशाह की सबसे डरावनी हँसी

मेरे हाथों को अपने हाथों में लिए
तुम्हारा यूँ दिल्ली की सड़कों पर बेलौस चलना
सत्ता के दमन के ख़िलाफ़ किसी जुलूस में चलना है

तालाब के पानी में पैरों को डाले
बतख़ों के झुंड से अठखेलियाँ करते हुए
तुम्हारा नेरुदा की कविता 'चीड़ के पेड़ों का गीत' सुनाने का
अनुरोध करना
कविता और स्त्री में मेरी अक़ीदत को कितना मज़बूत करता है

बस अड्डे के इन्तिज़ारी कमरे में मुझे अपनी गोद में लिटा
धीमे-धीमे कान में तुम्हारा एक सौ सोलह चाँद की रातें...सुनाना
एक बार गुलज़ार को भी रश्क करने पर मज़बूर कर सकता है

तुम्हारा साढ़े चार पहर मेरे साथ इतने रंगों इतने ढंगों में यूँ रहना
जीवन की एकरसता में इतने रस घोल गया है कि
हृदय सन्तूर
मन मृदंग हो गया है

मेहनताना

उसके ऊपरी होंठ मेरे दोनों होंठों के बीच
मेरी भाप उसकी भाप से मिलकर
लफ़्ज़ों के चावल को भात में बदल रही है

उसने कविता सुनने की इल्तिजा की थी
अब मैं उसके भीतर कविता के मानी तलाश रहा हूँ

बातों-बातों में ही वह हार गई थी मुझसे
एक हज़ार चुम्बनों की शर्त
और अब मैं उसका मेहनताना चुका रहा हूँ

रतजगाई

रात चाँद के हँसुए से आकाश में घूम-घूम काट रही थी तारों की फ़स्ल
खिड़की से नूर की बूँदें टपक रही थीं
हमारे पसीने से भीगे नंगे बदन पर
रतिमिश्रित प्रेम के सुवास से ईर्ष्यादग्ध रात की रानी
अपने फूलों को बराबर गिराए जा रही थी
भोर होने वाली थी और नींद से कोसों दूर हम दोनों
एक-दूसरे के आकाश में
आवारा बादलों की तरह तितर रहे थे

अप्रैल में

सौंधी-सुगन्ध
गिरे हैं महुए
टप!
टप!
टप!

कूके रातों को कोयल
जैसे एक बेचैनी
और तुम

उजाड़ दिन
निचाट रातें
उड़े सेमल की रुई
बेतरतीब
जैसे एक बेइख़्तियारी
और तुम

काग़ज़ पर लिखना
लिखकर पढ़ना
पढ़कर फाड़ना

फाड़कर जोड़ना
जोड़कर फिर से पढ़ना
जैसे एक बेकारी
और तुम

प्रसव-पीड़ा

हल्की बारिश के बाद मई की सल्फ़री शाम

आकाश में किसी बूढ़े दरवेश की दाढ़ी की तरह फहरा रहे हैं बादल

इन दिनों दिल्ली की सारी गर्माहट चली गई है बनारस

कुछ ज़्यादा ही मेहरबान है मौसम अबके
राजौरी रोज़ मसूरी हुआ जा रहा है

झड़ते गुलमोहर पर पड़ती ढलते सूरज की यह अरुणिमा
वॉन गॉग की किसी वाटर कलर पेंटिंग का लैंडस्केप हो सकती है

पेड़ पर कूकती कोयलों की कूक मेरे भीतर
तीव्र से तीव्रतर हुई जा रही है

आज की शाम मैं महसूस कर रहा हूँ उसके दुख को
वह मेरे नहीं किसी और के बच्चे की माँ बनने जा रही है

लिखना चाहता हूँ

लिखना चाहता हूँ ऐसी कविता जिसमें हो उसके हाथों की गर्माहट
उसकी छातियों का उभार
उसका ग़ुस्सा
उसके अबोले की तान
खींच ले बिना बोले ही अपनी ओर
जैसे खींच लेती है वह मुझे अपनी ओर
सोख ले सबके दुखों को
जैसे सोख लेती है वह मेरे दुखों को

लिखना चाहता हूँ ऐसी कविता जिसमें हो अमिए की खटास
लीची की मिठास
असाढ़ की दुपहर में खेत को लोहियाते हलवाहे की प्यास
ज़िन्दगी की जद्दोजहद में भागते आदमी को मिले कविता
जैसे दिन भर बाज़ार में भटकने के बाद
शाम को मिल जाए एक प्लेट चाट

लिखना चाहता हूँ ऐसी कविता जिसे अपनी सहजता के साथ
कोई भी कहीं भी पा ले
जैसे तरबूज़ के खेतों में काम करने वाले मज़दूर
खा लेते हैं गमछे में सान के सत्तू

अधूरे स्वाँगों के दरमियान

पी लेते हैं ताड़ी नहीं कुछ तो नमक और मिर्च के साथ

सर्दी के दिनों में रेल के सामान्य डिब्बे में सफ़र करते हुए
जैसे चिपक कर बैठे होते हैं लोग अपने-अपने आकाश में खोए हुए
वैसे ही कविता में आए मेरे अनुभव एक-दूसरे से चिपके हुए
अपना अलग-अलग आकाश खोलते हुए

जुलाई या अगस्त

जुलाई या अगस्त
ठीक-ठीक याद नहीं
बस इतना याद है
बारिश हो रही थी
और सिर पर धान के बिचड़ों का बोझा उठाए
घुटनों तक डूबी वह भीग रही थी

सिर पर धान के हरे-हरे बिचड़ों का बोझा
पाँक से लिथड़ी उसकी सुग्गापंखी फ्रॉक
नाक में तार की मुड़ी हुई नथुनी
और मेह गिर रहा था हम दोनों के बीच

वह रोपनी का आख़िरी दिन था
उसके बाद छोड़ आया सिंगाही गाँव
छोड़ आया अपनी बोली
छोड़ आया अपना पानी
छोड़ आया वहीं चौर के शीशम के पेड़ से टँगी अपनी क़मीज़

कैलेंडर में साल बदले हैं
स्कूल और कॉलेज बदले हैं

मैंने बदले हैं शहर फटी गंजियों की तरह
जीता रहा हूँ अपने ही देश में विस्थापितों की तरह
ज़िन्दगी में आई हैं लड़कियाँ
जैसे आती हैं बरसाती नदियाँ
छप्पर तक बहाकर ले गई हैं
फिर भी बची रह गई हैं
माँ की दी हुई चूड़ियाँ

उलझा रहा हूँ किताबों के मकड़जाल में
रटता रहा हूँ गणित के दुर्लभ प्रमेयों को
सोचता रहा हूँ आदमी को ग़ुलाम बनाने वाले अल्गोरिथम के बारे में
'टावर ऑफ़ हनोई' के बारे में
'यूलेरियन सरकिट' के बारे में
'हेमिलटोनियन ग्राफ' के बारे में

आज ऑफ़िस से घर लौट
जब अकेले बन्द कमरे का दरवाज़ा खोला है
बिस्तर पर लेटकर जैसे ही आँखें बन्द कीं
तो ऐसा लगा कि सिर पर धान के बिचड़ों का बोझा उठाए
वह अब भी भीग रही है
और शीशम के पेड़ से टँगी वह क़मीज़
अब भी वहीं हिल रही है...

अगस्त की शामें

सूखी-सूखी ही बीती जा रही है इस बार बरसात
जगह बदलने के लिए तरस गई हैं चींटियाँ
गुमसुम-गुमसुम रीती जा रही हैं शामें
रोज़ इकहरी-सी बीती जा रही हैं शामें

पेड़ों से अटकी टूटी बदरंग पतंग गोया मन में अटकी स्मृतियाँ
उनका हौसला उन्हें रुला तो सकता है
उड़ा नहीं सकता
उनकी उड़ानों के इतिहास के बोझ से दबी बोझिल शामें

शराब के ठेके के बाहर लगी लम्बी क़तारों से दूर तन्हा
पूरे दिन की मेहनत के बाद पार्क में कुत्तों-सी हाँफतीं
ज़ुकाम से बन्द नाक
और किसी के नकार से भरीं निश्छल आँखों में डबडबाई शामें

मेरे सिर से गिरते बालों
और तुम्हारे चेहरे पर पड़ती झुर्रियों का मर्सिया गातीं
दिनों की मसरूफ़ियत और रातों की बेफ़िक्री के बीच
ग़मे-जहाँ का हिसाब हैं ये शामें

संगत-असंगत

अक्टूबर की बूँदा-बाँदी भरी शाम
लैंपपोस्टों पर टूट पड़े हैं पतंगे

दशहरे को न विसर्जित हो पाई दुर्गा-प्रतिमाओं की उदासी
संगत कर रही है
मेरी उदासी के साथ
इस बार मानसून कुछ ज़्यादा ही असंगत है

बिल्कुल वैसा ही
जैसी तुम्हारी तस्वीर की दंतुरित मुस्कान

प्रेम में

इस तरह का यह मेरा पहला अनुभव था
पहल उसकी तरफ़ से थी

उस रात उसने कहा तुम भगवान की तरह हो
मैंने ख़ुद को सलीब से टँगा हुआ पाया

अगली सुबह
मैं प्रेम की दुनिया से बहिष्कृत था

ब्रेकअप

रात भर
मोर और कोयल में दुबोला होता रहा
मैं उसके बारे में
वह मेरे बारे में
दूसरों से पूछता रहा

कोना

मेरे भीतर एक गोल कमरा है
जिसमें रहती है एक लड़की

जो रोने के लिए
कोने ढूँढ़ती
लगातार घूम रही है

अन्दर या बाहर

विरह की इस अँधेरी रात में
अब तो जुगनुओं ने भी रास्ता दिखाने से इनकार कर दिया है
मंज़िल दूर है और आवारा सड़कें मुझे कब की रौंद चुकी हैं
कड़कती हड्डियों का दर्द और ज़र्द त्वचा की सारी चमक
अपनी आँखों में समेट
घर की दहलीज़ पर पशोपेश में बैठा हूँ
तुम्हारा इन्तिज़ार किस ओर मुँह करके करूँ—
अन्दर या बाहर

नकार

जब मैंने उससे कहा
तुम बहुत सुंदर हो और मैं तुमसे प्यार करता हूँ
मुझे अपने आपसे नफ़रत-सी होने लगी
प्यार के अपने नज़रिए में भी
मैं अपने पूर्वजों का कितना ग़ुलाम हूँ

जाते-जाते

उम्मीद उसके पहले भी थी
उसके बाद भी

लेकिन
क्या अजब तासीर थी
जाते-जाते
उसकी ख़ामोशी में

वह गुफ़्तुगू की रवायत ही ख़त्म कर गई

जनराग

गेहूँ की हरी-हरी बालियों का विस्तार
सूअर को बाँस से लटकाए तेज़ क़दमों से जा रहे हैं दो जन
उनके पीछे-पीछे शरारती बच्चों का हुजूम सूअर को बार-बार कोंच
सुन रहा है उसका घिघियाना
बच्चों के लिए उनके अन्य खेलों की तरह सूअर को कोंचना भी
महज़ एक खेल है
ख़ुश हैं तमाशबीन बूढ़े क्यूँकि उनके मन में बैठा है कि
सूअर जितना घिघियाएगा उतनी ही ख़ुश होंगी ग्राम्य-देवी
बलि में देर हो रही है इसलिए बहुत जल्दी में हैं दोनों जन
उन्हें न बच्चों का शोर अच्छा लग रहा है
न सूअर का घिघियाना और न ही बूढ़ों का मन्द-मन्द मुस्काना
सारी श्रद्धा और उपासना के बीच
उन्हें बस याद आ रहा है ताड़ के पेड़ से लटकता फेनिल कटिया
और आग की लपटों के बीच
कड़ाही में सूअर के गोश्त को भूना जाना

आत्महत्या

जाते हुए वसन्त की शाम
पत्रहीन नग्न पीपल गाछ पर बैठा है
एक पंडुक अश्कबार
शामियाने गिराए जा रहे हैं
खूँटियाँ उखाड़ी जा रही हैं

कब का सौंपा जा चुका है लेन-देन का पंचनामा
विदा होने ही वाली है बरात

रातोरात

नंगे पीपल की टहनियों पर
रातोरात निकल आई हरी-हरी पीकें
घोंसलों के बाहर रातोरात फुदकने लगे चूज़े
रातोरात दन दिया दैत्याकार थ्रेशर ने पूरा का पूरा खलिहान
सूदख़ोरों से तंग आ एक परिवार रातोरात पार कर गया गाँव का सीवान
रातोरात काट ग़ायब कर दिया लोगों ने बावन फ़ीट के अन्दर उग आए
उस सेमल के पेड़ को
जिसके फूलों को देखकर हम पहचानते थे वसन्त
नदी की धार में दह गई रातोरात तरबूज़ की कई बीघे फ़स्ल
बह गया उसी के साथ ही वह जवान
रखा था फ़स्ल के लिए जिसने रेहन पर अपना मकान

विस्मृति

जब तक चिता जलती रही
नदी की गीली रेत को ढूहनुमा शक्ल दे
बनाई हमने कुछ अजीबोग़रीब मूर्तियाँ
फिर छोड़ आए वहीं रेत पर अपने दो-तीन घंटों की मेहनत

रात को वे आधी-अधूरी मूर्तियाँ सपने में आईं
और देखते ही देखते उनकी शक्लें मरे हुए लोगों के जैसी हो गईं
अगली सुबह जब हम चिता की राख साफ़ कर
तुलसी का बिरवा रोपने गए
वे मूर्तियाँ रेत में मिस्मार हो गई थीं
जैसे मेरी स्मृति में
मरे हुए लोगों के चेहरे

बँटवारा

आम का एक पेड़
जिस पर बैठता नहीं अब एक कठफोड़वा भी
जब सातों भाइयों में बँटवारा हुआ वह हरा-भरा था
उसकी शाखों से भी फूटती थी पीकें
शिराओं से चूते थे लस्से

इतना फलदार कि सब चाहते थे
वह उनके ही हिस्से में आए
सबको उसके लिए इस तरह झगड़ते देख
हारकर पंचों ने उसे कर ही दिया साझी

वह साझी क्या हुआ हर बैसाख-जेठ में
टिकोला आने से फलों के टूटने तक
हिस्से के आमों के लिए होती थीं लड़ाइयाँ
उसके नीचे जाने कितनी ही बार चलीं लाठियाँ

वह महज़ आम का पेड़ था
फिर भी उसके बँटवारे के लिए हुईं लड़ाइयाँ!

कोई विवाह या यज्ञोपवीत होता तो मड़वे के खम्भे के लिए
काटी जाती थीं उसकी हरी-हरी डालियाँ
कोई मरता तो चिता के खम्भों के लिए...

किसी के दादा ने रोपा था उसको
किसी के पिता ने सींचा था उसको
किसी के पति ने छिड़की थीं
बीमारियों से बचाने के लिए उस पर दवाइयाँ
सबके पास थे पेड़ पर दावे के लिए
अपने-अपने क़िस्से-कहानियाँ

सब चाहते थे साझी के पेड़ में अपना ज़्यादा से ज़्यादा हिस्सा

वह कोई मुल्क नहीं था
जो बँटवारे के ज़ख़्मों को
भूल फिर से हो जाए हरा

वह तो महज़ एक आम का पेड़ था
महज़ आम का पेड़
दो-चार सालों में ही रह गया
ठूँठ
आम का पेड़
जिस पर बैठता नहीं
अब एक कठफोड़वा भी

अकाल मृत्यु

शाम ढलते ही सब बन्द कर देते थे अपने-अपने दरवाज़े-खिड़कियाँ
लेकिन ख़बर रहती थी सबको बाहर होने वाली एक-एक कारगुज़ारियाँ
किस-किस के घर में काटी गई सेंध
किस-किस के घर में हुई चोरियाँ

एक-दो बूढ़ों को छोड़कर लोगों ने छोड़ दिया था दरवाज़े पर सोना
धीरे-धीरे शुरू कर दिया था दिशा मैदान भी अपने घरों में ही करना

यूँ सोता कोई भी नहीं था
लेकिन सारा गाँव शाम ढलते ही मरघट में तब्दील हो जाता था
देर रात तक रोते रहते थे कुत्ते
इतना भयावना था वह रोना
कि रोते हुए बच्चों के मुँह में अपने सूखे स्तनों को डाल
बलात् चुप करा देती थीं उनकी माँएँ
क्यूँकि उन दिनों इतना भयावना था किसी का रोना
कि माँओं के भीतर भय से कुत्तों और बच्चों के रोने में अन्तर करने का
संज्ञान ख़त्म हो गया था

गाँव में ख़ूब हो रही थीं चोरियाँ
ख़ूब हो रही थीं सेंधमारियाँ

लेकिन जब फटे हों सबके अपने ही पैर
तो कौन सहलाए किसी और की बिवाइयाँ

लोग दिन ढलने से पहले ही निपटा देते थे अपने सारे काम
आदमी क्या उन दिनों पशु-परेवा तक हो गए थे हलकान

शाम ढलते ही फिर से वही मरघट और कुत्तों का लगातार रोना
कभी-कभी उनके साथ शामिल हो जाता था सियारों का फिंकरना

लेकिन हस्बे-मामूल था भय का रोज़-ब-रोज़ बढ़ते जाना
हर सुबह किसी न किसी के पास होता था कोई न कोई नया अफ़साना

रात किसी ने उन्हें इमली के पेड़ से आवाज़ देते सुना
किसी ने उन्हें बँसवारी में रोते हुए सुना
तोड़ दी किसी के जामुन की डाल उन्होंने
पलट दी किसी की नाव उन्होंने
बिसुका दी किसी की गाय उन्होंने

सबकी ज़ुबान पर एक ही बात थी
वे चाहते हैं अपना पाँचवाँ साथी
तभी वे छोड़कर जाएँगे गाँव
लेकिन किसी को पता नहीं था
किसका होगा वह दसवाँ उल्टा पाँव
इसलिए भय में डूबा जा रहा था पूरा गाँव

ऐसा हुआ था एक बार मेरे गाँव में
जब हो गई थी लगातार चार अकाल मृत्यु पचके में

ईख और तरबूज़ का शुक्रिया अदा करते हुए

हम दोनों सालों बाद मिले थे
अब वह शादीशुदा था और दो बच्चों का बाप भी
नीबू नहीं मिला तो डाल दिया उसने
नीबू की डाली को ही ईख के साथ कोल्हू में
फिर हमने पिया एक-एक लोटा ईख का रस
और अपनी-अपनी साइकिल उठा चल पड़े अपने-अपने गाँवों की ओर
रास्ते में पगार के ढेर से उठती आग की लपटों को देख
याद आ गई बचपन के उस तपते जेठ की
जब मेरे गाँव के लोगों ने लगा दी थी उसके गाँव में आग
धू-धू कर जल गई थीं सैकड़ों झोंपड़ियाँ
और धूअन्तुपन की उदास चिपचिपाहट
फैल गई थी सबके चेहरों पर

नफ़रत और अफ़वाहों से बन्द हो गया था
दोनों गाँवों में नेवता-पेहानी और आना-जाना
तमाम कड़वाहटों के बीच एक मिठास बची रह गई
जिसने बचा लिया हमारी दोस्ती को
और अगला जेठ आते-आते दोनों गाँवों के रिश्ते को
उसके गाँव में ईख ख़ूब होती थी और मेरे गाँव में तरबूज़

बिल्लियाँ

क़ातिल हैं दिल्ली की सर्दियाँ
और कुछ ज़्यादा ही गोश्तख़ोर हैं यहाँ की बिल्लियाँ
मासूम
डरीं-सहमीं
हमारे आस-पास उछलतीं-कूदतीं बिल्कुल घरेलू बिल्लियाँ
चूहे क्या पंजों के नीचे कबूतर तक को दबा जाती हैं
एक विरोधाभास है इनके बूदो-बास में
एक वहशत छुपी है इनकी आँखों में

नाहक़ दूध पिलाने वाले हलकान हुए जाते हैं
धूप के साथ इस छत से उस छत गर्माहट के लिए छलाँग मारतीं
छत की नहीं धूप की वफ़ादार हैं ये बिल्लियाँ

शहर

यहाँ उम्मीद सूखती रहती है
अलगनी पर टँगे कपड़े की तरह
और आदमी टपकता रहता है
बूँद
बूँद
बूँद
पानी की जगह

ये शहर चीज़ों को बदलने की अजीब कीमियागीरी जानता है
यहाँ सुबह के इश्तिहार
शाम तक विचार बन जाते हैं

बेघर

जीवन एक घर है
जिसमें बेघर हूँ मैं

दरख़्त किसके ध्यान में
पत्ते किसके...
यह अकेलापन मुझे वहशी किए जा रहा है
निगल जाना चाहता हूँ
पत्तियाँ
टहनियाँ
पूरा का पूरा
दरख़्त

हिज्र

लौट आई एक तितली फूल पर बैठने से पहले
लौट आया एक पतंगा आग में जलने से पहले

कि आख़िर

मत सोचो
सब उस पर छोड़ दो

मुझे डर है
आख़िर उसको
किस पर छोड़ दूँ

बहुत सघन है तुम्हारी प्रतीक्षा

अज़ाब

ज़िन्दगी की सारी नेमतें
बन्द हैं तुम्हारे एक पेचोख़म भरे दस्तख़त से
जिसकी जालसाज़ी मैं अब तक न कर सका

और तुम ख़ुद ही
बन्द हो किसी और की तिजोरी में

एक ही मौसम में

खिलते हैं एक ही मौसम में गुलमोहर और अमलतास
भौंरा किस फूल पर बैठे इस फ़िक्र में रहता है उदास

अकेले ख़ाली छत पर चटाई डाल
बीयर के भरे हुए जग के साथ
पैदा होने से अब तक के सारे दुख को चाँद से बाँट
जब मैं थक कर सो जाऊँगा
मेरी कविता तुम भी सो जाना

सरमाया

दुख के देवदार पर
तुम्हारी यादों की बर्फ़बारी
मैं टूटकर अब गिरा
तब गिरा

आज की रात आकाश में
तारे लिख रहे हैं मेरे लिए कविता
यह मीठा-मीठा दर्द ही
मेरा सरमाया है

मर्सिया

मेरे जाने की बाद ही तैयार किया जाएगा
इस हासिले-सफ़र का मसविदा
भगजोगनी से प्रकाश
करुयैनी से रुख़
गौरैए से थोड़ा फुर्र माँगा जाएगा
मुझसे पहले जो हुए हैं उनकी कविताओं से
थोड़ी-थोड़ी कविता निकाल मेरा कफ़न बनाया जाएगा
बातें ख़ूब होंगी
लोक की
देश की
विदेश की
समाज की
राजनीति की
मेरे होने की
मेरे न होने की
लेकिन कविता पर कोई बात नहीं होगी

क़याम

दिन का आख़िरी पहर
सुबह से चलता रहा सफ़र

सुस्ता रहे हैं बैल
सुस्ता रहा है गाड़ीवान
सुस्ता रही है बैलगाड़ी

चाँद क्या करेगा

जब सारे तारे चले जाएँगे
न जाते-जाते रात भी चली जाएगी
तो चाँद क्या करेगा

जब दुख की चादर इतनी फैल जाएगी
कि उससे बाहर निकलने की कोई सूरत नहीं बचेगी
जब किसी के आने का इन्तिज़ार लम्बा और लम्बा होता जाएगा
और आँखें दीये के कोर की तरह स्याह से स्याहतर होती जाएँगी
तो चाँद क्या करेगा

फ़रिश्ता

वह जानता था
वह कभी नहीं आएगा

फिर भी उसने उसके आने की अफ़वाह फैलाई
ताकि उम्मीद ज़िन्दा रहे

कहाँ हो दोस्त

अमावस की रात
चाँद को मिला है निर्वासन

दूर पीपल पर जुगनुओं ने बुन दी है रौशनी की चादर
कहाँ हो दोस्त?
आज की रात तो मेरे साथ
परछाईं भी नहीं है

उसका दुख

उसके पास सारे तालों की चाभियाँ हैं
लेकिन वह नहीं जानता दरवाज़ा किधर को है
अफ़सोस वह किसी से पूछता भी नहीं
दरवाज़ा किधर को है

अपनी आवारगी में भटकते हुए
कभी-कभी वह आ जाता है मेरे पास
मुझे कोई क़दीम दरख़्त समझ
रख जाता है अपने सारे राज

उसका दुख शहर में ईंट ढोता वह घोड़ा ही समझ सकता है
जिसके पुरखे कभी मैदानों में दौड़ा करते थे

दोस्ती

औंधे पड़े आकाश ने
सीधे मुँह लेटे आदमी से कहा :
'कितने अकेले हो तुम'

एक फुसफुसाहट हुई
तुम भी तो!
फिर दोनों हँसने लगे

प्रेम गली

कबीर की प्रेम गली बहुत तंग है

घुटन होती है

ज़रा फ़ासला करो
मेरे पीछे हुजूम आ रहा है

इलाज

दुख के आकाश में
प्यार का चीरा लगाकर
उम्मीद ने पूछा :
'अब कैसा लग रहा है'

आँसू-आँसू भिनसार

विरह मौत है या मौत विरह का निकसार
शब्द अनुभव है या अनुभव के पार
दुख की रात लम्बी है
सामने फिर वही पत्थर-सा इन्तिज़ार

दूर है उसका शहर
और मैं यहाँ लाख कोशिश कर लूँ
आज फिर होगी आँसू-आँसू भिनसार

मैं चला जाऊँगा

शुकवा जब उग आएगा
चाँद रात की छाती से खेल
उसकी नाभि पर फिसल रहा होगा
नदी काट रही होगी अपने कछार
गिर रहे होंगे जब तेज़ी से अरार
छप!
छप!
छप!

मैं चला जाऊँगा

एक पुराने दोस्त का इन्तिज़ार करते हुए

शाम ईंट के झाँवे पर रगड़ रही है एड़ियाँ
अभी-अभी डूबा है सूरज
कुछ लालिमा बादलों में उलझी रह गई है

रात चढ़ने से पहले ही
आज फिर से आकाश में आ चुका है बेसब्र चाँद
चकवों का झुंड अपने गंतव्य की ओर उड़ा जा रहा है

परती में चर रही गाय को अभी तक कोई वापस नहीं ले गया
वह खूँटा उखाड़ने को बेचैन चक्कर काट रही है

खेतों से साग खोंट घर को लौटती लड़कियाँ
अपने खोइँचा को सँभाले झटकती भागी जा रही हैं

बहुत देर हुई बाट जोहते
वह आज भी नहीं आएगा शायद
अब तो आँखों के आगे रौशनी भी धुँधली पड़ने लगी है
घर को लौट ही जाना चाहिए
रात घिरने वाली है

चाँद और परछाईं

टहाटोह चाँदनी

नदी किनारे की रेत सफ़ेद चादर में बदल गई है

मछलियाँ चाँदी के वरक़ की तरह
कभी-कभी चमक कर गहरे पानी में ग़ायब हो रही हैं

लहरें नाव की माँगी को पटक रही हैं बार-बार
अपने जाल को सँभाले बीड़ी सुलगाते
वह देखता है नदी में
चाँद के साथ बनती हुई परछाईं

बाक़ी समय

पूर्णिमा की रात
आकाश में चढ़ आया है चाँद
नीचे तालाब में जी भर खिली है कुमुदिनी
शाम से ही लगा हुआ है मेढकों का टरटराना
कदम्ब के पेड़ पर ऊधम मचाते मालवरों को छोड़कर
सो गए हैं सभी चिरई-चुरगुन
बाँस के मचान पर लेटे हुए
मेरे और चाँद के बीच कभी-कभी आ-जा रहा है
आवारा बादलों का झुंड
बाक़ी समय नींद से कोसों दूर हम दोनों
एक-दूसरे को अनवरत देखे जा रहे हैं

तरबने में रात

आज देर रात तक वह पीता रहेगा ताड़ी
चाँद उतरेगा पहले लबनी में
फिर कटिया में
फिर देखते-देखते पूरे तरबने में
जब तक वह बैठकी से कई बार के असफल प्रयास के बाद
घर लौटने को उठेगा
तब तक ताड़ी उसे पूरी तरह निढाल कर चुकी होगी
चलने की हिम्मत न पाकर
वह लड़खड़ाकर वहीं बैठ जाएगा
फिर यह सोच कौन जाए इतनी रात साँकल खटखटाने
बीवी के साथ सिर खपाने
नए बहाने बनाने
पड़ोसियों को जगाने
वह वहीं घास पर आसमान की चादर ओढ़ लेट जाएगा
कल सुबह घर लौटने से पहले पूरा गाँव जान चुका होगा
कल की रात फिर उसने तरबने में ही बिताई है

दुआगोई

कुछ औरतें चली आई हैं ज़िन्दगी भर मुझे करते हुए माफ़
उनका हमेशा रहता हूँ शुक्रगुज़ार

कोई एक चूक को भी ता-ज़िन्दगी नहीं कर पाया माफ़

चाहे दिल्ली रहूँ या पंजाब
जान गया हूँ आशिक़ होना नेमत है
महबूब होना अज़ाब

क्या अलमिया है दुआ के लिए जब भी उठाता हूँ हाथ
कमबख़्त माफ़ी के लिए दिल से आती है आवाज़

यादगोई

ग्रीष्म की दिलफ़रेब रात्रि
क्या होड़ लगाकर खिले हैं अमलतास और मधुमालती
रंग और सुगन्ध आज ढो रहे हैं तुम्हारी यादों की पालकी

इस सड़क से इतनी बार गुज़रा हूँ कि आहट को पहचानने लगे हैं कुत्ते
मुझे अपने इतने क़रीब देखकर भी इनमें कोई हरकत कोई सुगबुगाहट नहीं
ग़ालिबन अब इन्हें भी मुझसे कोई तवक़्क़ो कोई राह नहीं रही

बहुत सघन है तुम्हारी प्रतीक्षा
मेरा विकल्प आवारगी

दाख़िल-ख़ारिज

हिजरत होती है सबकी एक ही जैसी
मंज़िल नहीं मिलती सबको एक-सी
सारे लगाव एक-सा ही दुख देते हैं
ख़ुशियाँ दीगर होती हैं सबकी

जो
'तुम अपना रंजो-ग़म
अपनी परेशानी मुझे दे दो...'
सुनाते हुए ज़िन्दगी में आए

वे
'मेरा कुछ सामान
तुम्हारे पास पड़ा है वो लौटा दो...'
सुनाते हुए चले गए

एक तन्हा शख़्स
जब फिर से तन्हा होता है
तब किसी शाइर का
ख़ारिज किया हुआ
मिसरा हो जाता है

समझा जाना

मन को समझना
आसान नहीं रहा तथागत के लिए
न ही इच्छाओं को जानना वात्स्यायन के लिए

संबंध में होना नहीं
समझा जाना नियति है मनुष्य की

सबसे सहज है कह देना किसी से
कि तुमने मुझे समझा ही नहीं

त्रासदियाँ महानायकों के जीवन में ही नहीं
हमारे-आपके जीवन में भी हैं
बस उन पर लिखे नहीं जाते
महाकाव्य!

उलझन

सुलझाते-सुलझाते आख़िरकार
इतने उलझ गए हैं सारे समीकरण
कि ज़िन्दगी गोया मूँज की रस्सी हो गई है

उसके जीवन में न कोई प्रेम बचा है न प्रतीक्षा
वह ख़ुद ही महसूस करने लगा है ख़ुद की व्यर्थता

जब भी सुनाना शुरू करता है कोई क़िस्सा
केंद्र से परिधि तक ख़ुद को कहीं भी नहीं पाता

इन दिनों उदासी कोई हीर है
जो गाती रहती है भीतर
आठों पहर

बेरुख़ी

रात
बारिश
फूल और इन्तिज़ार
मेरी भाषा में स्त्रियों के नाम हैं

क्या फ़र्क़ पड़ता है जो कहीं भी रहूँ
तुम्हारी सारी मुस्कुराहटें
तस्वीरों में क़ैद हो
पहुँच रही हैं मेरे पास

ऐसा लग रहा धरती पर दो ही लोग बेरोज़गार हैं
एक मैं और दूसरा शायद वो आईना
जिसमें आजकल
तुम कम देखा करती हो!

ज्यामिति

जीवन भी ज्यामिति की तरह
पूरक और अनुपूरक कोणों से होता है संचालित
कुछ पकड़ते हैं तो छूट जाता है बहुत कुछ
कुछ छूटता है तो मिल जाता है कुछ

अपने हिस्से का मान ही नहीं मिलता
यहाँ पाना होता है अपमान भी
जो खाता है कटहल का कोआ
उसे ही पचाना होता है बीज और मूसल भी

केवल देवताओं के हिस्से आए
विष का पान करते हैं शिव
मनुष्य को ख़ुद ही पीना होता है
अपने हिस्से का विष

वक़्त एक बगूला है

तानाशाह

वह पहले चूहा था
फिर बिलार हुआ
फिर देखते-देखते शेर बन बैठा
शहद चाटते-चाटते
वह ख़ून चाटने लगा है
अरे भाई जागो,
तुम्हारे ही वरदान से
यह हुआ है

ज़िबह

इन दिनों खुलकर कोई नहीं हँसता
कोई नहीं रोता खुलकर

हँसना छुपा होता है रोने में
रोना छुपा होता है हँसने में
यह भेद मुझे नौटंकी के उस मसख़रे ने बताया
जो गाँव के बाज़ार में मुर्ग़े बेचा करता है

रोज़मर्रा

कितने दिलफ़रेब हैं ये रोज़मर्रा के राग
सुबह काम पर जाते हो
फिर शाम को थके-हारे काम से लौट आते हो
जब मुल्क अपने नए निज़ाम को चुन
अपने आने वाले पाँच सालों का फ़ैसला कर चुका है
तुम छात्रों की कॉपियों को जाँच उनके भविष्य का फ़ैसला कर रहे हो

इन रागों से बहुत दूर निकल गए
किसी पुराने मित्र की स्मृति उड़ाती है
तुम्हारे संघर्षों का उपहास
तुम दबी ज़ुबान में ही
अपने विभागाध्यक्ष के दलित-विरोधी होने का करते हो प्रतिरोध
और सोचते चले आते हो
अगर तुम दलित होते तो क्या ये तमाम आरक्षण भी
तुम्हें उनकी आँखों में दिलवा पाते समानता का अधिकार

शाम को सीख-कबाब के साथ एक बोतल बीयर पी लो
किसी अधूरी कविता में दो-चार सतरें जोड़ लो
किसी किताब के कुछ सफ़हे पढ़ लो
फिर तकिए में मुँह दबाकर सो जाओ

जीवन ऐसे ही चलता है
तुम नहीं सह सकते अपनों की गालियाँ
या ज़्यादा मुखर होने पर पुलिस की लाठियाँ
सुरक्षित कोने ढूँढ़ लो
और उनमें तिलचट्टे की तरह दुबक कर जिए जाओ
अपनी तरह तिलचट्टे पैदा कर किसी कोने में ही मर जाओ

जब लोग आज़ादी के लिए गोलियाँ खा रहे थे
तो तुम्हारे दादा धान रोप रहे थे
उनके लिए आज़ादी का मतलब सरकार को मालगुज़ारी देने से
ज़्यादा कुछ नहीं था
जब अगस्त क्रान्ति हुई तब भी तुम्हारे पिता धान ही रोप रहे थे
तुम्हारे पूर्वजों की सारी अभिव्यक्ति
धान रोपने से धान काटने में ही सिमटी रही है

मुल्क है या मक़तल

कैसा चमन कि हमसे असीरों को मन'अ है
चाक-ए-कफ़स से बाग़ की दीवार देखना
—मीर

एक

तुम्हारी ख़ूबसूरती है या मौत का ख़याल
बाग़ों में इस बार कुछ ज़्यादा ही खिले हैं गुलाब

देखो इन मोरों की आँखों में बादलों का तवील इन्तिज़ार

हमारी बेचारगी, तुम्हारे नाज़ो-अन्दाज़

तारीख़ गवाह है
किताबें भरी पड़ी है ज़िन्दा अफ़्सानों से
इस कशमकश का हासिल क्या है
वस्ल या फ़िराक़

ये आड़ी-तिरछी-सी लकीरें
जिनसे बने हुए दायरे को हम मुल्क कहते हैं
जहाँ आज़ादी के लिए रूहें रहती हैं तड़पती
क़ैदख़ाने नहीं तो और क्या हैं?

युग बीत गए
वक़्त बदल गया
किताबें चाट डाली गईं
लेकिन कहीं कोई मसीहा सच कहने को आज भी नहीं तैयार

कहते हैं कि आँखों में छुपी हुई होती है
मौत की आहट
घर हो या बाज़ार किसी से नज़र मिलाते ही
इन दिनों होने लगती है घबराहट

क्या नफ़ासत से चाबुक मारते हैं हुक्काम
मज़ा आ रहा है कहते हैं अवाम!

दो

वो मेरे भाई ही हैं कोई पराए नहीं
जो बात-बात पर मुझे कहते हैं ग़द्दार
हद तो तब हो गई जब उन्होंने उस रोज़ कहा :

"जो सवाल कर रहा वह है मुसलमान
उसे चले जाना चाहिए पाकिस्तान"

“भाई साहब, माफ़ कीजिएगा कहीं आप तो नहीं हैं मुसलमान?”

आहंग में ढूँढ़ा था हमारे पुरखों ने ख़ुद को लाफ़ानी करने का राज़
वे उसे कपड़ों की तरह पहन हो गए थे ज़िन्दगी और मौत के पार

हम अपनी बे-आहंगी का महसूल चुकाते हुए रोज़ मर रहे हैं

वक़्त एक बगूला है जो किसी को भी अपने चपेटे में ले सकता है
हर कारसाजी अपनी तामीर से पहले
महज़ ख़यालगोई ही होती है
हुकूमत का कोई भी अदना-सा फ़ैसला
मामूली-सा फ़रमान

काफ़ी है आपको ताउम्र करने को हलकान

नदी हो तुम मेरे गाँव की

महानायिका

एक

सोया धूप में
सूरज की खोई ख़ामोशी लपेटे
तुम छुपी किरणों में मुस्काती
खींच दो कुछ उल्टी-सीधी लकीरें
अपनी उँगलियों से मेरे वक्ष पर
छुपाकर रखूँगा इन स्पर्शों की सुरसुराहट
होगी कोई गुदगुदी मेरे भी भीतर
काँपेगी निष्ठुरता मेरी भी कुछ-कुछ
सूझेगा कोई खिलन्दड़पना
पिघल जाऊँ
ढह जाऊँ रेत की तरह
नदी हो तुम मेरे गाँव की
ओढ़ लो शीशे के मानिंद मुझको
और मैं नाचूँ देखते ख़ुद में ख़ुद को
हो जाऊँ बौड़म
थक जाऊँ
बैठ जाऊँ
पसीने से तरबतर बेहाल

खोजूँ कोई बोधिवृक्ष
तेरे तल में ही यूँ फिसलते
संलयित हो जाऊँ तेरे साथ ही कहीं
टटोलूँ अपना अन्तस
भरूँ एक ठंडी साँस
चलूँ फिर कहीं दूर...
उस महानायिका की तलाश में!

दो

बंजारों-सी भटकती ज़िन्दगी
ढूँढ़ती है एक ठंडी छाँह
एक बरगद इस बियाबान में
दहकता है सूर्य यांत्रिक-सा
टपकता है लहू पसीने की जगह
शिकारी है वो
फेंकता जाल
लम्बी है उसकी रस्सी

दूर किसी मचान पर बैठा खींचता हौले-हौले
हम सब धारा के विपरीत तैरती मछलियाँ
बहे जाने के ख़िलाफ़ जद्दोजहद
अँधेरे का जाल है फैला चारों ओर
भटकाव स्वभाव है इन दिनों
फ़लक पर थका-थका-सा है चाँद
बुझे-बुझे से हैं तारे
ख़ामोशी फैली है चारों ओर :
कहाँ हो महानायिका?

तीन

छाई रहती है एक ख़ामोशी तुम्हारे चारों ओर
नहीं बोलती गोकि बोलने के बरअक्स एक चुप्पी साध ली हो तुमने
तुम्हारे नहीं बोलने और मेरे बोलते-बोलते थक जाने से
हम दोनों के बीच अबोले की एक महीन-सी दीवार खिंच गई है
लौटते हैं जिससे टकराकर मेरे शब्द बैरंग ही वापस
ढूँढ़ते हैं मुझमें ही ठिकाना
पहनाते हैं मेरी ही कल्पनाओं को नया जामा

फ़र्ज़ करो
फ़र्ज़ करो किसी रोज़ ऐसा हो जाए
मैं साँझ का पहला तारा बन जाऊँ
और तुम अपनी छत पर खड़ी
किसी दूसरे तारे को ढूँढ़ने में परेशान
आकाश का कोना-कोना तलाशो
फिर थक कर टिका दो मुझ पर ही नज़रें
हो जाऊँ शर्म से लाल
छितेरूँ अपनी लाली तुम्हारे ज़र्द चेहरे पर
देखूँ संवेगों की बनती-बिगड़ती रंगोली
फिर छुपकर खो जाऊँ आकाश की अतल गहराइयों में
मेरे लाख छुपने पर भी ढूँढ़ लो तुम
बढ़ाओ मेरी तरफ़ हाथ
करो कुछ मीठी बातें

वहीं चाँद-तारों के बीच
टूटे अपना अबोला
और मैं पूछूँ—
कैसी

हो
महानायिका?

चार

बेगाने शहर की बेगानी शाम कुछ-कुछ उबासी लेती हुई
चंपई धुँधलका छा रहा
अमलतास के पत्तों से लुकता-छिपता सूरज
थकान छुपाने की कोशिश में कहीं सो गया शायद

क़न्दील की मुलमुली रौशनी में नमूदार होता उसका चेहरा
गोया, मीर की ग़ज़लों से सजी कोई अल्पना हो
किसी के मरासिम से संगत करती
उसकी ख़ामोशी इबादत की न जाने कौन सी गुरुमुखी ईजाद कर दे
समय उसके पहलू में
बिजली के किसी खम्भे में अटकी पतंग की तरह फड़फड़ा रहा है...

उसकी टैरेस पर अटका चाँद
बार-बार देखता है घर के इकलौते आईने में अपना अक्स
जिसे पिछली रात किसी चूहे ने कुतर दिया है!

पाँच

निरखता
लेखता
जुस्तजू में तेरी
तुझको ही
लफ़्ज़-दर-लफ़्ज़
पर्त-दर-पर्त खोलता

बदल जाते तेरे मानी
हर सुबह
गोया, तू शमशेर का नीला आईना हो
और मैं मुक्तिबोध के फ़ाउंटेन पेन की रोशनाई में घुला कोई ब्रह्मराक्षस
जिसे किसी ने छिड़क दिया है तेरे ऊपर
जहाँ से बूँद-बूँद धारियाँ बनाते
बह रहा हूँ
बह रहा हूँ
...
अब भी तो
बह ही रहा हूँ

छह

पत्थर-सा इन्तिज़ार
इस पर कोशिश की जाने कितनी छेनियाँ मुरक गई हैं

दिन रात में धीरे-धीरे सूराख़ करता है
और रात दिन को अनायास ही निगल जाती है

एक घना कोहरा
जिसमें अपना वजूद भी किसी और का अक्स नज़र आता है
दिन-ब-दिन बढ़ता जा रहा है
इसमें हर सुबह उम्मीद की अँगीठी सुलगाए निकलता हूँ
और शाम को राख की पोटली पीठ पर लादे लौट आता हूँ
जैसे चिपक जाती हैं कर्मियों की लतरें बँझोझियों की डाली से
वैसे ही चिपक गया है चाम हड्डियों से
धँस गई हैं आँखें
जैसे धँस जाता है गर्मियों के दिनों में ईनार का पानी

फिर भी बची है मेरे भीतर एक हरीतिमा एक उजास
जैसे बची रहती है चाँदी की पतली तार
मचुराए हुए नोट में भी

सात

कल को जब मैं नहीं रहूँगा
लोग ढूँढ़ेंगे मेरी कविताओं में उदासी का कारण

जब लिखी जा रही होंगी इन्हें अमर करने वाली इबारतें
बज रहे होंगे मेरी धड़कनों की जगह मेरे नाम के घंटे
ख़ामख़्वाह लोग उसका नाम ढूँढ़ेंगे
बदनाम करेंगे
चीड़ के पेड़ में देवदार के पत्ते ढूँढ़ेंगे

जब मेरी अस्थियाँ दरिया से होते हुए
समन्दर के खारे जल को और भी खारा कर चुकी होंगी
सनसना रहे होंगे
मेरे शब्द
हवाओं की जगह
खेतों में
गलियों में
नावों की पतवारों के नीचे

तब मेरे मुँह से निकली हुई आख़िरी उल्टी साँस ले रही होगी
उसके उदास रुख़सारों पर एक चुम्बन
और पूछ रही होगी :
क्या इजाज़त है महानायिका?

दिल्ली : चार ऋतुएँ

शिशिर

शहर की भागा-भागी
बसों में चढ़ने-उतरने की आपाधापी के बीच
यहीं इक कोने में
तोते, गिलहरियाँ और कबूतरों का झुंड
चुग रहा है दाना

साल का आख़िरी दिन
हवा मद्धम
धूप हल्की
और सर्दी कम है
प्रेम का एक और गुनगुना मौसम
तुम्हारे बिना कर दिया किताबों के नाम
मुझे लगने लगा है :
लाइब्रेरी किसी दिलजले की ईजाद है

वसन्त

बच्चे स्कूलों में प्रार्थना कर रहे हैं
सियासतदाँ घरों में

धूप खिली है
कबूतर उड़ रहे हैं
आन्दोलन इतने हैं
कि तय करना मुश्किल है
कहाँ जाएँ
किसे छोड़ें

जितने तरह के राष्ट्रवादी हैं
उतने ही तरह के क्रान्तिकारी

प्रपंचों से भरे इस शहर में
सच बोलना
ईशनिंदा जैसा कोई अपराध है

ग्रीष्म

क़ैद हूँ हिज्र की जेल में

दूर एक रेल गुज़र रही है
उम्मीदों से खचाखच भरी हुई

तुम दिखीं उसी में बैठी हुईं
यहाँ उदासी गिर रही है पत्तों की शक्ल में

यह लुटियन की दिल्ली में
गर्मी की एक निचुड़ी हुई शाम है
बत्तियाँ जल गई हैं हर तरफ़

ज़र्द पत्ते
ज़र्द शक्लें
महरूम हैं
किसी की आहट से

वर्षा

लम्बे उमस भरे मौसम के बाद
कुछ राहत मिली है आज
गिरी हैं पहले भी इस मौसम में बूँदें
लेकिन ये सरगोशी
लगता है कि इस बार मानसून तुम्हें छूकर आया है

हर आती-जाती मेट्रो मिलाती होगी
किसी न किसी यक्ष को उसकी यक्षिणी से
कालिदास की कल्पना के अलकापुरी और रामगिरी
आज मुझे नोएडा और द्वारका लग रहे हैं
और मेघों से होड़ लेती मेट्रो
कोई अमर काव्य-पंक्ति

भीगा कबूतर अपने पंखों से अशक्त
नहीं कर पा रहा परवाज़
अभी कुछ देर उसे बिल्लियों
और पहाड़ी रसोइए से बचाने की ज़िम्मेदारी मेरी है

अपनी छत से कबूतर की पासबानी करते हुए
देखता हूँ आकाश में फिर से घिरते बादलों को

उलझनें इतनी ज़्यादा हैं यहाँ
कि भागकर कोई ट्रेन भी नहीं पकड़ सकता
व्यर्थ हैं सम्पर्क के सारे माध्यम स्पर्श के बिना

आज तो चाँद भी नहीं निकला
बेमानी है कुछ भी उम्मीद करना
मैंने तो समन्दर भी नहीं देखा
जो ख़याल कर सकूँ कि
समन्दर किनारे बैठी बारिश में भीगती
कैसी लगती होगी तुम

मीर के दीवान को सीने से लगाए

बगुला भगत का जनतंत्र

एक

ताक़तवर कम बोलता है
लगाए रहता है घात
जैसे कोई बाज़
कमज़ोर ज़्यादा बोलता है
गुटरगूँ
गुटरगूँ
गुटरगूँ
रहता है अनजान

सारी ख़ुदाई
उस बाज़ के लिए है

कविता लड़ रही है
कबूतर के लिए

दो

धूप तेज़ है
चाँपाकल के ऊपर बैठा है कौआ

नीचे पानी के चहबच्चों पर मँडरा रही हैं बिढ़नियाँ
अपने ओसारे में बैठा
प्यास को दबाता
सोचता हूँ
क्या चमगादड़ों को भी प्यास लगती है

तीन

बनभिलोर की फुनगी पर बैठे गिद्ध ने
आदमियों की लहलहाती हुई फ़स्ल देखकर
निचली डाली पर बैठे कौए से कहा :
'इस गाँव में जलावन की बहुत कमी है!'

चार

आख़िरी मछली को निगलकर
बगुले ने तालाब से पूछा :
'तुम इन दिनों इतने उदास क्यूँ रहते हो?'

पाँच

वे जिन्होंने मार के टाँगे हैं कौए
अपने घरों के आगे
हमने उन्हीं के घरों पर गिद्धों को
मँडराते हुए देखा है

छह

मैनी ने एक चुटकी खैनी अपनी हथेली पर रखी
आजू-बाज़ू नज़र डाली
सूखते हुए तालाब की ओर देखा
फिर तालाब में घात लगाए
गदराए बगुले से पुछा :
'भगत इस गर्मी में जब सारी चीज़ें सूखती जा रही हैं
तुम्हारी सेहत का राज़ क्या है?'

बगुला कुछ देर ख़ामोश रहा
फिर तालाब की हलचलों से हटकर बोला :
'आजकल मैं अपने गुरु गिद्ध की सोहबत में
प्राणायाम कर रहा हूँ!'

सात

कुछ ने मछलियाँ निगलीं
कुछ ने कछुआ
जो कुछ भी नहीं निगल पाया
पानी पी-पीकर
फेंकता रहा कुल्ला
जनपद में इस बात पर ख़ामोशी है कि
आख़िरकार तालाब में
जलकुंभी किसने डाली

आठ

बगुला भी ध्यान में
मछलियाँ भी ध्यान में
तालाब है या मोजिज़ा

शिकार भी
शिकारी भी
एक ही मकान में

नौ

उदास था बगुला
उदास था कछुआ
उदास था बनभिलोर की फुनगी पर बैठा गिद्ध
उदास था तालाब का पानी
इस उदास फ़िज़ा में
तालाब में लहलहा रही थी
फ़स्ल जलकुंभी की

दस

सूख चुका था तालाब का पानी कब का
दूर-दूर तक बादलों का नामोनिशान न था
लम्बा होता जा रहा था मेढकों का इन्तिज़ार
और उनकी टरटराहट और विलम्बित

कछुए की पीठ पर बैठे मेढक ने अपनी टरटराहट बन्द कर
कछुए की ओर उम्मीद से देखा
और उसकी आँखों की बेचारगी देख
फिर से टरटराने लगा

ग्यारह

सूख गया तालाब
सूख गया बनभिलोर
सूख गई जलकुंभियाँ भी
एक-एक कर ग़ायब हो गए
बगुले
कछुए
गिद्ध
ग़ायब हो गई तालाब की सारी कैफ़ियत
रह गया तालाब की जगह मलबे का ढेर
और चुप्पी का शोर

सूखते तालाब की मुरग़ाबियाँ

यहाँ मकाँ है तो क्यूँ आसमाँ की सैर करें
मकीं हैं शाद अज़ल से इसी ज़मीं के हम

—शाद अज़ीमाबादी

एक

बैठे थे चंद लोग एक कमरे में
परेशानी की लकीरें आ-जा रही थीं बेतरतीबी से उनके माथे पर
न चाहते हुए भी काँपे जा रहे थे सबके हाथ-पैर
हालात लाख सिर पीटने पर भी बिहार से पटोहार तक हुए जा रहे थे बद से बदतर
पता नहीं उनके भीतर खीझ थी या हताशा
या शायद बँटवारे के बाद सब कुछ ठीक हो जाने की रूहानी उम्मीद पर
वे ख़ुद चाह कर भी नहीं कर पा रहे थे यक़ीन

सब तरफ़ से एक दबाव था जो दिल की धड़कनों को
बार-बार किए दे रहा था दरहम
इस दरहमी आलम में उन्हें करने थे तक़्सीम के मुसव्विदे पर दस्तख़त
जल्द से जल्द पहनाना था इस रुके हुए फ़ैसले को अमलीजामा

दिख जाती है उनकी हड़बड़ाहट तारीख़ के पन्नों पर
आज भी ख़ून के छींटों की शक्ल में

कभी-कभी किरदारों का अधूरापन तारीख़ से निकल हाँफने लगता है
दिल्ली के राजपथ पर
और लगाने लगता है नारा :
हमें चाहिए आज़ादी'

दो

उन्हें आज़ादी थी चुनने की अपनी सहूलियत से अपने-अपने मुल्क
जिसका इश्तहार आज भी आज़ादी के ही नाम पर होता है हर अगस्त

लेकिन हम कितने आज़ाद हैं इसके लिए
बस्तर या बारामूला की नज़ीर की ज़रूरत नहीं
संसद मार्ग के इर्द-गिर्द किसी जुलूस पर पुलिस की चलती हुई बेझिझक
लाठियों को देख
बहुत आसानी से हो जाती है इसकी शिनाख़्त

आज भी जब कभी कोई शख़्स इस आज़ाद मुल्क में अपनी परेशानियों
से ऊब
किसी चौराहे या इदारे में, माँगने लगता है अपने हिस्से की आज़ादी
तब फूलने लगती हैं हुक्मरानों की साँसें
सब तरफ़ से मुँह बन्द करने को ततैये की तरह निकल आते हैं
आज़ादी के रखवाले
देखते ही लोगों को चुन-चुन कर भेजा जाने लगता है पाकिस्तान!

तीन

पता नहीं तब के हुक्मरान क्या सोचते थे
लेकिन आज दोनों मुल्कों का कोई भी होशमन्द शहरी जानता है
कि कितना ज़रूरी है हिन्दुस्तान की सियासत के लिए दुश्मन पाकिस्तान
और पाकिस्तान की सियासत के लिए दुश्मन हिन्दुस्तान

बहरहाल, शेर बूढ़े हो रहे थे और उन्होंने चख लिया था ख़ून
वो अपनी तन्हाई में ग़ालिबन यही सोचते थे :
इन्तिज़ार की भी इक उम्र होती है...

इसलिए सबमें इस बात को लेकर रज़ामन्दी थी
इसलिए कोई भी नहीं चाहता था चूकना
इसलिए कोई किसी और को भी चूकने नहीं देना चाहता था
क्यूँकि एक के चूकते ही
दूसरा चूक जाता
अपने-आप

उन्हें शायद ही थी इसकी फ़िक्र या इसका कोई अन्दाज़
कि आने वाली पीढ़ियाँ उनकी सारी होशियारी के बाद भी
जब भी बँटवारे का ज़िक्र आएगा
उन्हें चूका हुआ ही समझेंगी

कुछ की यह ज़िद थी कि चाहे जो भी हो जाए
एक पल के लिए भी नहीं रहना है यहाँ
बहुत हुआ अब चाहे कितना भी क्यूँ न हो नुक़सान
हम लेकर ही रहेंगे पाकिस्तान

बहुतों को लेकिन आख़िर तक रही यह उम्मीद

कि ऐसे भी कहीं होता है भला मुल्क का बँटवारा
हवा-हवाई बातें
हवा-हवाई सियासी बयान!
कौन सिरफिरा अपनी माटी को छोड़ेगा?
आख़िर क्या दिक़्क़त है यहाँ?
फ़ज़ूल क्यूँ दूर देश में भटकेगा इनसान?
पता नहीं क्या फ़र्क़ पड़ जाएगा
जो कोई रहे हिन्दुस्तान!
जो कोई रहे पाकिस्तान!

कुछ की आपसी अदावत ने उन्हें कई बार
हमप्याला होने पर भी नहीं होने दिया हमख़याल
कुछ के ग़ुरूर का फैलाव इस ज़मीन के दायरे से भी ज़्यादा था
कुछ का ग़ुरूर लाखों की ज़िन्दगी से भी भारी
कुछ तो दिल में एक मुद्दत से ही पाले बैठे थे रंजिश
जैसे ही मौसम ने थोड़ा रंग बदला
रंग बदलने में उन्होंने यकायक गिरगिटों को भी कर दिया शर्मिंदा
देखते ही देखते अमन-ओ-चैन के तालाब में खोल दी गई नफ़रत की बोरी
और मुरग़ाबियाँ मरी हुई मछलियों की गंध से हलकान हो भागने लगीं इधर-उधर
उन मुरग़ाबियों के क़िस्से बहुत कम दर्ज हैं तवारीख़ में

चार

अफ़वाहों का बाज़ार गर्म था
ग़नीमत है तब टनों में था कम्प्यूटर का वज़न
नहीं उठाया था इनसान ने उसे अपने हाथ में
और न ही इनसानियत को लिया था उसने अपनी ज़द में
झूठ बनाने और फैलाने में इसके इस्तेमाल को

तब तक पहचाना नहीं गया था
लेकिन भीड़ उस समय भी उतने ही शातिर ढंग से काम कर रही थी
भीड़ आज भी उतने ही शातिर ढंग से काम कर रही है
सेनाएँ तब भी थीं
सेनाएँ अब भी हैं
किसी के पास रामसेना तो किसी के पास ख़ाकसार
नफ़रती बोलों से हर वक़्त में हुई है दोस्ती मिस्मार

घाघ निजी तिजारती ज़र-ज़मीन के झगड़ों को
रातोरात मज़हबी फ़सादों में बदल काट रहे थे चाँदी
निज़ाम तब भी अक्सरियत के साथ ही था
निज़ाम अब भी अक्सरियत के साथ ही है
लेकिन जम्हूरियत में कौन करता है यह ख़याल
कि अक्सरियत में भी होती है एक अक़ल्लियत
फिर उस अक़ल्लियत में भी होती है एक और अक़ल्लियत
आदमी अपने किनारे पर अकेला ही होता है
उस अकेले आदमी के किसी ख़याल के लिए
जम्हूरियत में पता नहीं कौन-सी जगह मुअय्यन है

धर्म के भ्रष्ट होने को लेकर
उतनी ही शिद्दत से तब भी वबाल था जितनी शिद्दत से आज
मज़हब बात-बात पर वैसे ही ख़तरे में पड़ रहा था जैसे आज
गौ-रक्षक वैसे ही गाय बचाने के लिए वहशी हुए जा रहे थे जैसे आज
अफ़वाहें वैसे ही फैलती थीं जैसे आज
नफ़रतें वैसे ही असर करती थीं जैसे आज

अफ़वाहों से और नफ़रतें
नफ़रतों से और अफ़वाहें

अफ़वाह-नफ़रत
नफ़रत-अफ़वाह

देखते-देखते आदमी-आदमी नहीं
हो जाता है अफ़वाह और नफ़रत का कारख़ाना

ख़ुदग़रज़ी की ज़मीन से शुरुआत होती
इस ज़मीन पर बोए जाते अफ़वाह के बीज
फिर डाली जाती नफ़रत की खाद
फिर हिन्दू-मुसलमान
मन्दिर-मस्जिद
हिन्दी-उर्दू सब चले आते

पाँच

नहीं छोड़ते-छोड़ते आख़िरकार एक रोज़ उसको भी छोड़ना पड़ा पटना। उसे ठीक से याद नहीं कि किस गाँव, किस क़स्बे में उसने कितने दिन और कितनी रातें बिताईं। पहुँचने से पहले ढाका सफ़र में इतने लोग मिले और ग़मी का मातम भी इतना मना कि रोते-रोते पथरा गईं आँखें। कोई छपरा से निकला तो कलकत्ता पहुँचा। पता नहीं कैसे बाल-बाल बचता हुआ यहाँ दिखा। कोई बिहारशरीफ़ से भरा-पूरा निकला तो खोकर भागा चिटगाँव से अपना पूरा परिवार। कितने बहरवासी तो बहरवास से ही फिर बहरवासी बन गए। एक बार अपनी माटी को छूने की उनकी ख़्वाहिश ख़्वाहिश ही रह गई। कोई सब कुछ छोड़कर आ रहा था भागलपुर से तो किसी को बहुत मुश्किल से छोड़ना पड़ा था बेनीबाद। लेकिन यह सब देख-सुन भी उसके दुख का रंग रहा गाढ़ा का गाढ़ा। उसकी आँखों के सामने औरतों-बच्चों की लाशों से भरे बार-बार आ जाते थे वे इनारे, जिनके आगे डर से भागते हुए रुक किसी ने नहीं पढ़ा फ़ातिहा...।

उसने बहुत चाहा कि ढाल ले अपने भीतर ढाका की नई आबोहवा
यहाँ तक कि कोशिश कर उसने बांग्ला भी सीख ली
उसने तो अपनाया ढाका को
लेकिन उसे अपना नहीं सका ढाका
जबकि उसके पुरखे आते-जाते रहे थे दिनाजपुर और मालदा
उसने उस दिन जाना कि बहुत फ़र्क़ होता है
हिजरत कर आने और तिजारत के लिए आने में

सियासती नुस्ख़े हिसाब के नुस्ख़ों की तरह नहीं होते
बदलते रहते हैं नज़र के सामने मौक़ा-बेमौक़ा
ऐसे ही एक नुस्ख़े के रद्दोबदल से आख़िरकार
छूट ही गया एक रोज़ ढाका
ढाका से निकल जो लुटा-पिटा पहुँचा कराची
ढूँढ़ता रहा समन्दर किनारे वहाँ भी सालोसाल अपना अज़ीमाबाद
वही गंगा वही बाँसघाट

आदमी आदमी नहीं
गोया सूखते तालाब में उपरा रही मछली था
जिसे जल्द से जल्द भेजना था बाज़ार
ढोर-बकरियों की तरह रातोरात हाँक डाले गए थे इनसान
किसी के आँगन में अभी भी झूल रहा था सावन
किसी के बाग़ में अभी-अभी तो पका था आम
किसी ने मिट्टी उठाई तो किसी ने मिल्कियत
किसी का बस चलता तो सिर पर ही उठा लेता जतन से रोपा गया धान का खेत
किसी ने पुरखों की क़ब्र छूटने का मनाया भर उम्र सोग़

कहाँ गए वे लोग
जिनकी दुहाई हर सियासी पाप के पहले आज भी देते रहते हैं हुक्मरान

सियासत तब भी देखती थी हिन्दू-मुसलमान
सियासत अब भी देखती है हिन्दू-मुसलमान
लगाओ नारे थोड़े और ज़ोर से मजलिसों में तक़्सीम के
क्या हुआ जो तुमने पा लिया है अपना पाकिस्तान
क्या हुआ जो हमने पा लिया है अपना हिन्दुस्तान
क्या अब नहीं होता कहीं कोई दंगा?
क्या अब नहीं होता कहीं कोई क़त्लेआम?
क्या अब नहीं सोता भूखा कहीं कोई इनसान!

छह

कोई ढूँढ़ता रहा लाहौर में लखनऊ की तहज़ीब
कोई ढूँढ़ता रहा इस्लामाबाद में मलीहाबाद के आम
कोई ताउम्र हर मुशायरे में गाता रहा हाय मेरा अमरोहा!
कोई हर रात मीर के दीवान को सीने से लगाए
लाहौर की गलियों में पत्तों को गिरते देख याद करता रहा अपना अंबाला
किसी की आँखें डबडबा जाती थीं
अपने बिछड़े डिबाई को याद कर
कोई अपनी नज़्मों में सँजोता रहा नालन्दा तो कोई सासाराम
पता नहीं मुज़फ़्फ़रपुर का कोई मुहाजिर लाहौर या कराची में
फिर बोल पाया होगा कि नहीं अपनी मादरी ज़बान बज्जिका

एक छन्द से दूसरे छन्द में लगाई गई छलाँग

कालिदास का अपूर्ण कथागीत

मूढंबुद्धमिवात्मानंहैमीभूतमिवायसम्।
भूमेर्दिवमिवारुढंमन्येभवदनुग्रहात्॥
अद्यप्रभृतिभूतानामधिगम्योऽस्मिशुद्धये।
यदध्यासितमर्हद्भिस्तद्धितीर्थप्रचक्षते॥

—कुमारसम्भवम्—६/५५-५६

एक

एक समय था जब ऋतुओं के आगमन को लेकर
कितनी उत्सुकता रहती थी मन में

प्रत्येक नक्षत्र का अपना विधान अपना पकवान
ऋतुओं में छुपा होता था जीवन का सारा अनुष्ठान और मिष्ठान
कैसे मेघाच्छादित नभ देख हर्षोल्लास से भागते थे आम्र उपवन की ओर
वर्षांत में जब पशुओं की महामारी को भगाने लिए उठता था हरका
गोबर-लाठी के हड़बोंग को छोड़
उत्साह में चिल्लाते-दौड़ते कैसे करते थे ग्राम-प्रदक्षिणा
हटती ही नहीं थीं प्रीतिस्निग्ध आँखें मेघों से होड़ लेते बलाकाओं के झुंड से
आम्र मंजरियों और बकुल-पंक्तियों के खिलने की कैसी रहती थी प्रतीक्षा

दृश्यों को अनावृत करने का कौतूहल नहीं दबता था दबाए
गूलर के फूल या तेरह धारी वाले मक्के के बाल के स्वामित्व की चाह जैसी
कैसी निष्कपट जिज्ञासाएँ उन्मत्त कर रात्रिचर निडर बना भटकाती थीं निर्जन
ग्राम-प्रान्तर में
दादुर, मीन, धेनु, वृषभों से कैसा रहता था अनुप्राणित
कितना रोया था एक बार कदम्ब की छाँव में बैठा मृत तितली को
करके जलाप्लावित

दूर नदी मँझधार में नौका पर झिझिया खेलती स्त्रियों द्वारा गाए जाते
हल्की पुरवा बयार के साथ ग्राम में पहुँचते गीतों की मद्धम स्वर-लहरियाँ
कीर्तनियों के झाल, करताल, मृदंग के आरोहावरोह की मादक ध्वनियाँ
रेत पर सूर्य-किरण के साथ दौड़तीं निश्छल सुबहें
चन्द्रछवि के साथ नदी में तैरतीं शीतल रातें
किसी पूर्वजन्म की स्मृति लगती हैं

अब तो अपने ही हृदय के यक्ष और यक्षिणी की विरह में घुलता
ऋतुओं की टोका-टाकी से वीतराग
कमल, कुंद, लोध्र, कुरबक, शिरीष, कदम्ब कुसुमों को
खिलते और मुरझाते निर्लिप्त देखता हूँ

लेना ही पड़ता है कालिदास को एक न एक दिन संन्यास
'ऋतुसंहार' से 'अभिज्ञान शाकुंतलम्' तक आते-आते वह माँग ही
लेता है मुक्ति
नन्दीग्राम के त्याग का उज्जैन के त्याग से होता है उपसंहार
मल्लिका का सान्निध्य हो या प्रियंगुमंजरी का सहवास
विरह हो या संसर्ग एकाकी कालिदास
एकाकी ही रहता है

अवशेष से उत्पन्न हूँ
एक दिन अवशेष छोड़ चला जाऊँगा
उससे पहले संतप्त हूँ
भाषा-भाषा
शब्द-शब्द
देह-देह
भटकने के लिए

दो

भटकना होता है अकेले ही प्रत्येक प्रतिभा को अपनी त्रासदी में
सब कुछ झेलते हुए बिना किसी प्रचलित आस-आकांक्षा के
देना ही होता है अवदान
रचना ही होता है सबसे छुपाकर
जीवन की सम्पूर्ण मसि का उत्सर्ग कर एक प्रेमपत्र
क्या पता कैसा हो इसका भवितव्य
पहुँचे या न पहुँचे वह प्रेमिका तक
पहुँच भी जाए तो वह उसे पढ़े या न पढ़े
पढ़ भी ले तो उसमें निहित भावनाओं-व्यंजनाओं को समझे या न समझे

अक्षर-अक्षर और साँस-साँस बना रहता है शक्ति, व्युत्पत्ति और
अभ्यास पर एक संशय
मन बैठ-बैठ जाता है देख कि कितना व्यापक है शब्द-ध्वनि का
यह फैला हुआ पारावार
हिमालय के उच्च शिखर से होड़ लेती है पूर्ववर्ती कवियों की
कीर्ति-पताका
जब भी सोचता हूँ वाल्मीकि या वेदव्यास को तब बोध होता है
अपनी अपूर्णता का

दुविधाएँ उद्दंड मेघ की तरह मन को घेर लेती हैं बार-बार
करता हूँ इष्ट का स्मरण
कहता हूँ जला दी है मैंने अपनी नौका
मिटाता आया हूँ अपने पदचिह्न
पीछे हटने का रखा ही नहीं कोई विकल्प
तैरना ही मुक्ति इस निदाघ सिन्धु में
नहीं चाहता कोई अनुकम्पा या वरदान
मृत्यु कवि के लिए एक छन्द से दूसरे छन्द में लगाई गई छलाँग है

कोरे पृष्ठ पर जब भी उतरता है कोई शब्द
असंगत हो जाती है हृदय की चाल
कानों की शिराएँ होती हैं तप्त
एकाग्र हो करता हूँ शब्द का अनुसंधान

एक प्रवाह एक छन्द है जो करता है अग्रसर
प्रत्येक क्षण नए-नए अनुभवों से होता है पुनः-पुनः जन्म

कविता से काव्येतर अभिलाषा
प्रेम से प्रेमेतर अन्देशा
अपमान नहीं तो और क्या है प्रेम और कविता का
मिल जाए कुछ मनोनुकूल दान, भोजन और भोजनोपरान्त दक्षिणा

भिक्षाटन नहीं है कोई भी कलाकर्म
न ही ब्राह्मण-वृत्ति या कर्मकांड
कविता तो नितांत विरोधी रही है इस लोकोपवादी याचक वृत्ति की
कवि में उपस्थित रहना ही चाहिए एक शालीनता से भरा औद्धत्य
नहीं मिलता भिखारियों को सरस्वती का आशीर्वाद
एक बिल्कुल नए अनुसंधान के लिए

एक आधी-अधूरी कल्पना जो क्या बनेगी इसका नहीं अभिज्ञान
सारी भौतिक लालसाओं और तृष्णाओं को त्याग
जल, रक्त, मांस, अस्थि को एकत्र कर देनी ही होती है आहुति

तीन

यहाँ से दिखती है दूर कीर्ति की एक चमक एक आभा
जो हो सकती है मरीचिका भी कोई नहीं जानता
आँखें बाँध अपने भीतर की कौंध को सँभाले चढ़ना होता है
उपत्यका की चढ़ाइयों पर मृत्युपर्यंत
बहुत ही साधारण घटना है पथ से चूक खाई में गिर जाना
गिर ही जाते हैं लोग शुष्क जीवनानुभव और मलिन मन लेकर
ऐसे ही खाई में गिरे दादुरों की क्षुद्रतापूर्ण वक्रोक्ति से आक्रान्त है समस्त
कला-जगत

कला का इतिहास पदाक्रान्त है दुर्भिक्षता और अकाल-मृत्यु से
मरणोपरान्त कीर्ति का इतिहास जीवन भर घिसे असंख्य पत्थरों में से
किसी एक सौभाग्यशाली को स्पर्शमणि का प्राप्य स्पर्श है
दुर्निवार है कला-कर्म
कवि होना और भी प्रिय भोज्य होना है मृत्यु का
अकाल-मृत्यु से लब्ध अस्थियों के ढेर के ऊपर
कालिदास के आराध्य नटराज करते हैं नृत्य
भरत मुनि बजाते हैं वीणा
काव्य-पुरुष करते हैं आराधना
सरस्वती के हाथों से अपने इन दुस्साहसी पुत्रों के लिए बरसते हैं स्नेह-कुसुम
सृष्टि की असफलता की शल्य-चिकित्सा के प्रयास का एक और मर्मान्तक
अन्त देख
ब्रह्मा की आँखों से टपक जाते हैं आँसू

जिससे कवि लेते रहते हैं पुनर्जन्म
विष्णु देख ब्रह्मा की विह्वलता स्मृतियों में झाँक मन्द-मन्द मुस्काते हैं

चार

प्रत्येक क्षण कोई न कोई कवि नन्दीग्राम से होता है विस्थापित
लेकिन युग लग जाते हैं किसी कालिदास को उज्जैन पहुँचने में
कश्यप ने विनता से कहा था कि अधैर्य सबसे बड़ा पाप है
कला-क्षेत्र में अधैर्य पाप नहीं महापातक है
यदि नहीं है साहस अपना सर्वस्व दाँव पर लगाने का
तब भलाई है प्रतिभा को कहीं और ही लगाने में
क्योंकि यहाँ सत्ता है अनन्त अनिश्चितताओं, विडम्बनाओं और प्रवंचनाओं की

बहुत व्यस्त और निर्मम समालोचक है समय
बेध्यानी में ख़ारिज करता समग्र जीवन-संघर्ष

पाँच

अमर्श से भरे कुटिल प्रपंचों का प्रदर्शन अशोभनीय बनाता है कला-कर्म को
उज्जैन के कला-मठों में बैठे लोग सम्भवतः ही कभी समझ पाएँ कि
कविता नहीं है ज्ञान का आतंक
ज्ञान ही नहीं अर्जित करना होता
बचानी होती है स्निग्धता और प्रांजलता भी
कला-कर्म की शुरुआत होती है सबसे पहले सहृदयता से
कवि न रचे एक भी मूल्यवान पंक्ति
लेकिन सहृदयता का त्याग कवि के स्वत्व का त्याग है
कोई नहीं जानता प्रसिद्धि गजराज पर चढ़कर आएगी या गर्दभ पर

छह

रचनात्मक जीवन समुच्चय है अन्तर्विरोध का—
जितना सिमटता उतना ही फैलता
बिना किसी अपराध के अपराधबोध से संतप्त जीवन
कोई व्यक्तिगत स्वार्थ या भौतिक लालसा नहीं मात्र कलात्मक महत्त्वाकांक्षा
फिर भी देखते ही देखते जो है सबसे पास वही हो जाता है सबसे दूर
क्या अनूठा द्वैत है

सत्य को बरतना कभी भी नहीं रहा सहज
लेकिन काल की गति ऐसी है कि अब इसे देखना
दीठ में चमकते झीने तार की तरह दुर्लभ है

सात

नींद में आए व्यवधान का परिणाम है सृष्टि
बनाने वाले की चूक का अवदान है सृष्टि
इसलिए कहीं से भी देखो अपूर्ण है सृष्टि
इसी अपूर्णता का विस्तार है यह जीवन उज्जैन से कश्मीर तक
कालिदास केवल एक ईकाई भर है इस अपूर्णता की

महत्त्वाकांक्षाएँ अन्ततः पूर्ण होती हैं शून्यता में
कालिदास ने अन्ततः अनुभवगत कर लिया था इसे पर रचा नहीं
तथागत ने अपने अनवरत अनुदर्शन से जान लिया था इसे पर मौन ही रहे
आनन्द रूपक भर है इस शून्यता का
यह तो बहुत बाद की बात है जब नागार्जुन ने इसे कहा
और हजारीप्रसाद द्विवेदी ने लिखा 'सब हवा है'

अपूर्णता दौड़ाती है सब कुछ पाने की ओर
फिर लौटाती है सब कुछ छोड़ने की ओर
अपूर्णता कारण और आदमी लोलक है
जो डोलता रहता है चाह और त्याग के बीच
यह दोलन ही जीवन का काव्य है

आठ

बहुत दुष्कर है ढूँढ़ पाना
इस खंडित महाद्वीप के मानचित्र पर कालिदास का जन्मस्थल
क्या कोई पूछता भी है कालिदास की जाति

कोई नहीं जानता कहाँ से आता है कालिदास
कोई नहीं जानता कहाँ को चला जाता है कालिदास
हर कालिदास के जीवन में आता है एक उज्जैन
जहाँ पहुँच वह रचता है अपना सर्वश्रेष्ठ
बहीं उतरती हैं पारिजात-सी सुगन्धित
स्वर्ण पंखुड़ियों-सी चमकतीं
मेघदूत की पंक्तियाँ
उसके बाद केवल किंवदंतियाँ
जनश्रुतियाँ...

शरदोपाख्यान

विकचकमलवक्त्रा फुल्लनीलोत्पलाक्षी
विकसितनवकाशश्वेतवासो वसाना॥
कुमुदरुचिरकान्तिः कामिनीवोन्मदेयं
प्रतिदिशतु शरद्वश्चेतसः प्रीतिमग्याम्॥

—ऋतुसंहारम्–३/२८

एक

खिली है शरद की स्वर्ण-सी धूप
कभी तीखी कभी मीठी आर्द्रताहीन शुष्क भीतरधामी धूप
माँ कहा करती थी कि चाम ही नहीं हड्डियों में भी लग जाती है ये धूप
इसमें ही सुखाया जाता है मृदंग को छाने वाला चमड़ा
बहुत से किसान सुखाते हैं इस धूप में ही
पखेव के बहाने साल भर मवेशियों के जोड़-रस्सी में काम आने वाला पटुआ
सुखाई जाती है इस धूप में ही बाज़ार से बिना बिके लौट आई मछलियाँ
इस लापरवाह धूप के भरोसे ही ओल, अदरक, आलू, आँवला, मूली के
रंग-बिरंगे अचारों के मर्तबानों से सज जाती हैं छतें
सज जाते हैं आँगन

जिसे लग जाए ये धूप
उसके माथे में कातिक-अगहन तक उठता रहता है टंकार
जो बच गए उनके मन को शिशिर-हेमन्त तक उमंग से भरती
नवरात्र के हुमाद-सी सुवासित करती रहती है ये धूप

दो

साफ़-शफ़्फ़ाफ़ सोते का बहता हुआ जल
असंगत अन्तराल पर गिर रहे हैं गूलर के पके हुए फल
अपनी कटाई के इन्तिज़ार में यौवन से मदमाते-झूमते
कास के फूलों की सफ़ेदी रच रही
इस सुदूर वितान में
अपना ही एक प्रतिआकाश

खेतों में धान की जड़ों के बीच डोभे गए खेसारी के बीजों में
शुरू हो गया है धीरे-धीरे अंकुरण

हवा के साथ-साथ पत्तियों की हल्की सरसराहट
फलों के पानी में गिरने की विलम्बित टपटपाहट
शरद की इस दुपहरी को गीतात्मकता से भर
लोरी का क़ाम कर रही है

दूर से ही दिख जा रही है मछलियों की चपलता
वे मच्छीमारों की बंसियों के तिलिस्म से बेख़बर
गूलर के लाल-लाल फलों पर आसक्त और चुम्बनातुर
बार-बार उपरा जा रही हैं सतह पर

तीन

ओस से भरी हुई है शरद की शाम
अपना कामकाज़ निपटाकर
मेट्रो की तारों पर क़तारबद्ध बैठे हैं कबूतर
सुनहरी धूप में दिन भर नहाने से कुम्हलाई हैं पत्तियाँ

दफ़्तरों से लौटते थके-मुरझाए चेहरे
एफ़एम पर सुन रहे हैं एक ही गीत

पहली ही बूँद से भीगने को मुंतज़िर दरख़्त
झुटपुटे में लग रहा विरह से लिपटा कोई यक्ष

दीपावली की तैयारियों से सज गए हैं बाज़ार

घर की याद में बेकल हैं प्रवासी परिन्दे
अपनी ख़ुमारी में बेटिकट या टिकटयाफ़्ता
गिन रहे रवानगी का दिन

चार

शरद की पूर्णिमा
आज होगा कितने ही नवयुगलों का शुभ-लाभ से युक्त कोजगरा
क्या शुभग रूप निखरा है आकाश में चाँद का
रात की रानी अपनी मादकता से चित्त को विपर्यस्त किए दे रही है बार-बार
गली वाला हरसिंगार इतना खिला है कि फूलों से ओझल हो गई हैं पत्तियाँ
मन्द-मन्द पश्चिमी बयार के साथ आती खुनकी
कभी-कभी सिहरा दे रही है बदन को

भिगो रही ओस की अदृश्य निरन्तरता
चन्द्रिका से नहाए इस पूरे विस्तार को
जहाँ भी जल रही हैं बत्तियाँ
पतंगे वहीं नृत्यरत
स्वयं को कर रहे उत्सर्ग
दूर सेमल के पेड़ पर रतिरत कोई पक्षी चहका
आज कितनी ही मछलियाँ कर रही होंगी
चाँद की चाह में प्राणदान

पाँच

ऋतुओं के स्पर्श से लापरवाह है वातानुकूलन

आख़िरी मेट्रो सवारियों को उतार अन्तरालों पर लौट रही है
जाने को अपनी आरामगाह

मानवीय बस्तियों में कोई आहट कोई सुगबुगाहट नहीं

लोग व्यस्त हैं सप्ताहांत के जलसों में
या पड़े हैं टेलीविजन देखते बिस्तर पर निढाल

जाने किसके खीर से भरे भगोने में गिरेगी अमृत बूँद

नींद से दूर मेरे लिए इस छत पर बैठे
तुम्हारी याद को सँजोना
अज़ाब है या नेमत
तय करना मुश्किल पड़ रहा है

मेघदूत विषाद

कालिदास के अनन्य प्रेमी कवि-हृदय मैत्रीमय श्री क़िस्मत के लिए

चकई री चलि चरन सरोवर जहाँ न प्रेम बियोग।
जहँ भ्रम निसा होति नहिं कबहूँ सोई सायर सुख जोग॥

—सूरदास

एक

मछलियों से महकती—
झींगुरों की रागिनी से सजी पूनम के ओस-भीगे बालों को झटकती भादों की यह ज़रख़ेज़ रात
यों लगता है कि दियरा में गभाय हुए धान से देखते ही फूटकर निकल आएगा बाल
मद्धम पड़ने लगा है इस ख़राबे में शाम की दुल्हन का अंगराग
अभी देर है—
निशीथ को शुरू करने में अभिसार।

दिन भर डूबने-उपराने के बाद पुरवा के झोंकों से झूल रहा है,
बबूल-डाल से टँगा मछेरों का जाल।

थरिया भर भात के ऊपर केकड़े का शोरबा और डोका-गोश्त के साथ
कदम्ब की चटनी के स्वाद को घुलाता,
मच्छरों के दंश से बचने को गमछे को इधर-उधर घुमाता
नशीली कैफ़ियत में मचान पर लेटा है मल्लाह।

बारी पर बाँस के चिलमन की रोक से कूदती मछलियों की देर से हो रही
है छू-छपाक
नहर से होते चवर के पानी को नदी में गिरते सुनते सो गया है,
पेठिया से हैरान हो लौटा माछ का पैकार
शायद उसके स्वप्न-घान में भी भर रही हों कहीं—
कोतरा, पोठिया, चेपुआ, रोहू, नैनी, भकुरा या फिर गरई, सिंघी, गईंचा...

गेहुँअन की तरह फन लहराती नारायणी—
जल-सतह पर हिलती चाँदनी
चाहता हूँ चुल्लू में भर लूँ,
पर अफ़सोस एक क़तरा भी उँगलियों के बीच कहीं टिकता नहीं।

उस्ताद ठीक कहते हैं : *आलम किसू हकीम का बाँधा तिलिस्म है**
देखने में नूर की चादर—जब छूता हूँ—वही रेत, वही पानी
ऐसे ही तुम्हें भर लेना चाहा—
तुम नदी थीं,
मैं मेघदूत...
मुझे पहुँचाना था समाद विरही यक्ष का
कब तक बैठता प्रमाद में तुम्हारे किनारे।

---

* मीर की पंक्ति।

दो

एक भगत की मटमैली बयाज़ में नज़र बचाते पढ़ा था—बचपन में—
पीढ़ियों से आज़माई उन गालियों को
जिन्हें बुदबुदाते,
नीम का झाड़ पीटते,
ओझा आज भी करते हैं सँपकट्टी का इलाज :
बिष हरऽऽ-हरऽऽ!
बिष हरऽऽ-हरऽऽ!!
बिष हरऽऽ-हरऽऽ!!!

जहालत थी या निश्छल यक़ीन से पैदा हुई पीढ़ियों की कोई दिमाग़ी मुश्किल
पता नहीं क्यों सर्पदंश का समाचार देने वाले पर भी
धीरे-धीरे होने लगता था ज़हर का असर
वह भी गिरने लगता था स्याह मुख लिए पछाड़ खा
चार जन उसका भी करने लगते थे उपचार—
पीठ पर कांसे की थाली चिपकाते बालू छींटते अस्तव्यस्त...

पानी पर भागने वाले—मूर्खता की हद तक—मासूम लोक का वासी—मैं
लड़कपन में बन बैठा क़ासिद यक्ष का
अब सफ़र है कि तवील से तवीलतर हुआ जा रहा
और ज़हर है कि बदन को सरापा स्याह से स्याहतर किए जा रहा

आने ही वाली है देवोत्थान एकादशी
पता नहीं कब पहुँचूँगा अलकापुरी और कब लौटूँगा रामगिरि

यक्ष ने कहा था कैसे भी पहुँच जाना आषाढ़ के शुक्ल पक्ष की एकादशी तक
इससे पूर्व सावन के उच्छृंखल बादल अपनी क्रीड़ा से
उस विरह-कातर-क्षीणकाया-योगिनी-मेरी-प्रिया को

और अधिक वियोग से न कहीं लगें हहराने।

तुम हो भुलक्कड़,
आवारगी में कुछ ज़्यादा ही फक्कड़
गुज़ारी है उम्र तुमने यहाँ से वहाँ दर-ब-दर फिरते
बिना किसी साये-सहारे
तुम समझते हो अकेले होने का दुख
बस अपनी याद की थाह लेना,
क्योंकि विस्मरण प्रकृति है तुम्हारी
इस बार बाज़ आना
बे-याद
कहीं राह में भटक
किसी चित्रकार के चित्र में
अटक मत जाना।

तीन

आषाढ़ का वह उल्लसित प्रथम दिवस
और यह बेनियाज़ रात
जाने कितनी नदियों में आया उफान
कितने ही ताल-तलइयों में उपटा पानी
कितने रेगज़ार थे जिन्होंने सोखा मेरा जल,
कर दिया मुझे नीमजान
लेकिन अब सब ध्यानस्थ!
शांत!
तालाब का पुरइन पात,
चकवा-चकई की चहकार

हुए हैं तीन ही मास,
लेकिन लग रहा है युगों से इस अभिज्ञान को भीतर छुपाए
सारहीन संसार में अपने होने का सार ढूँढ़ता
ख़ुद को नफ़स-नफ़स मथता
पथहीन
पाथेयहीन भटक रहा

सफ़र में नज़र के चमचमाते परदे पर
हैरती हुए हैं इतने रंग कि अब याद करता हूँ जब भी कोई चेहरा
तब नुमायाँ होती है रंगों से सजी अल्पना
तय नहीं कर पाता कौन साथ है, कौन विलग

यह उन संगतों के असर का तरन्नुम ही है
कि राह पर अपनी धुन में बढ़ता जा रहा गाता
एक झपकी लगी और जगाए बग़ैर गुज़र गया कारवाँ
डूबती बीनाई से अब देख रहा फ़ासलों का फ़ासला

जैसे मौत के बाद आदमी छूट जाता है ज़िंदगी से,
वैसे ही छूट गया हूँ सबसे
बोलने को बकार, सुनने को कान नहीं
सब-कुछ-सब-तरफ़-अनकहा-अनसुना।

चार

अनवरत विचारता :
मेघ का ख़याल हूँ
या मेघ मेरी कल्पना...

ख़ुद को काटता हूँ चिकोटी
इस यक़ीन को झुठलाता कि नहीं हूँ वह बेहिस मेघ—
कालिदास की कल्पना!

मैं आदमज़ाद ढाब का गँवार
दुआरे पर इंतज़ार करती माँ के नसीब का बेटा
लेकिन हतभाग्य!

ख़ुद से हारा अपनी रात से बिछड़ा तारा
बादल के बैलों को सँभालता
पैना भाँजते देता ललकारा

ऊब के खेत को दुख के हल से जोत,
आँसुओं से सींचता—
भावना की फ़स्ल...

बाहर से लहलहाता,
अंदर से सूखता,
नष्ट होता

...इतनी शक्ति नहीं बची
कि भरूँ फिर से जल
कहूँ कुछ किसी नदी या झील से

अब तो सब तरफ़ सूखा,
सब तरफ़ सहरा,
सब तरफ़ तड़प,
सब तरफ़ प्यास,

कहाँ बरसूँ,
किधर जाऊँ
कुछ
नहीं
सूझता!

पाँच

बादलों के अपने दुख हैं,
नदियों के अपने
पेड़ आदिम गवाह हैं सभ्यता के षड्यंत्र के—लेकिन चुप
पशु-पक्षी-हवा-पानी सब कुछ कह रहे हैं...
लेकिन मनुष्य—
जो उसके सबसे क़रीब उसे ही सुनना नहीं चाहता गुनना नहीं चाहता।

छह

जहाँ हूँ वहाँ रहना नहीं चाहता
जो कर रहा हूँ वह करना नहीं चाहता
जी रहा हूँ वैसे जैसे जीना नहीं चाहता

मरना नहीं चाहता
चाहता हूँ हर शिल्प हर पैकर को तोड़ना
चाहता हूँ लौटना

संकटग्रस्त जीवन को लेकर—
एक ऊहापोह...

नाव रहती हवा-लहर बिन भी डाँवाडोल
सँभालता हूँ कभी पतवार, कभी पाल
बचा लूँ, बचा रहूँ...
यही है अवदान

कई रातें यों भी गुज़रीं
कि अगर सुबह नहीं बचता,
क्या फ़र्क़ पड़ता!

सच कह नहीं सकता,
झूठ की आदत नहीं,
चुप रह नहीं सकता

कल मेरा क्या होगा क्या पता
कोई साथ नहीं,
सफ़र के लिए कहीं कोई आरक्षण नहीं
दिशा और दशा तय नहीं
मेघ हूँ...

सात

अँधेरे का सहवास, प्रकाश का हस्तमैथुन
अस्वीकार का अवसाद,स्वीकार की ग्लानि
जज़्बाती ज़ात से ही हूँ,
यक्ष ने दे दिया संदेह ...

अब कुछ नहीं जीवन में संताप के सिवा
हज़ारों-हज़ार साल के सफ़र में एक छत न बन सकी

जहाँ रह सकूँ—आकाश के साथ

मेरी सृष्टि एक बलत्कृत स्त्री,
मैं उसकी संतति
पूछता हूँ बदहवास
मेरा जनक कौन है?
दीवार की तरह चेहरे सपाट,
मीनार की मानिंद ऊँचे क़द,
सब तरफ भावशून्य
निष्ठुर उच्छ्वास

इस जहालत से भरी दुनिया में क्या ही किसी से पूछना,
यहाँ भावनाएँ होती ही रहती हैं आहत
देवी-देवता यहाँ रोकते हैं राहगीरों को,
खुले में करने से पेशाब
गायों के मुंह पर लगाया जाता है जाब।

आठ

दे दूँ फ़रेब!
आख़िर क्या ज़रूरी है छुपानी यक्ष की बताई सहिदानी
मनुष्य की आकांक्षा के आगे कम पड़ते संसार में,
जहाँ दूर ग्रहों पर बस रही हैं बस्तियाँ
वहाँ आख़िर क्या रखा है बनने में—
संवदिया!

...यह सोचते ही म्लान मुख यक्ष का आ जाता सम्मुख
जाने कितने मेघ यक्ष का समाद न पहुँचा सके यक्षिणी तक

रहे ख़ुद को भर जीवन झुठलाते,
देते लारा।

नौ

इज़्तिराब था या इल्हाम की ऊब-डूब,
यों ख़ुद की धर-पकड़ में रहा कुछ इस क़दर मसरूफ़
क्या वसंत कैसी बहार—नज़र के सामने—ज्यों सब बीत गया, त्यों सब रीत गया।

ख़ुशी की नेमत बनकर जब-तब ज़िंदगी में आईं कुछ शामें,
आबला-पा ज़रा दूर ही जा सका...
माँ बहुत याद आई।

ख़ुशी आते ही कर गई मायूस
पहली ही ओस में गिर गया दरख़्त से—
खिलता हुआ हरसिंगार।

मैंने बहुत शिद्दत से चाहा,
मुझे भी मिले यक्ष का इंतज़ार
मेरी ज़िंदगी में भी घटित हो तपस्या की तरह कोई श्राप...

उसने
कहा
था :

तुम्हारे लिए करूँगा प्रार्थना,
कब तक भटकोगे?

पूर्ण करो यह यात्रा...
मुझ पर गुज़रता तुम पर न गुज़रे, ध्यान रखना—
तुम्हारी सहृदयता की होगी हर ठाँव परीक्षा
संशय-क्षण में मुझे याद करना
मार्ग है बाधामय,
आत्मदान ही है स्वभाव तुम्हारा
त्याग करते हुए जाना
तुमसे बेहतर कौन जानता है निर्भार होना
लगाकर चिलम, पीकर भाँग कहीं खो मत रहना
मुसाफ़िर हो तुम—सफ़र से मफ़र का नहीं कोई रास्ता...

दस

जीवन है या किसी दग्धकवि का विचार
जब भी नज़र के सामने आता कोई चारासाज़
बेबात यूँ ही जाने क्यों बदल जाती मेरी राह—
विरह
पर
विरह
की
गाँठ
पर
गाँठ!

उड़ गए उड़ते-उड़ते तितलियों के रंग,
खो गई जागते-जागते जुगनुओं की रोशनी।

कोई कविता, कोई तस्वीर, कोई ख़्वाब—मुकम्मल नहीं
अब न मैं क़ैद हूँ, न आज़ाद
जैसे सर्दियों की बारिश में भीगे कबूतर की परवाज़...

ग्यारह

अधूरापन कहीं भी घेरता—सारे बर्ताव पर असर करता—
आँखें कहीं, दिल-ओ-दिमाग़ कहीं
जुड़ न पाने का अभिशाप
रहता साथ!

एक रात स्वप्न में :
अधूरापन खाता
ख़ुद
को

—रुको... रुको...
नहीं साधा अभी कोई शब्द
नहीं अर्जित किया कोई अर्थ
इस तरह मरना भी व्यर्थ!

स्वप्न-भंग :
सब वीरान,
निचाट रात का सूनापन
बेचैनी, ग़ुस्सा, रुदन—

किरदार से निकलने की छटपटाहट माँगती अदाकारी का हिसाब
बहुत दूर अलकापुरी...

पता नहीं कब पहुँचोगे वहाँ
और लौटोगे भी या नहीं यहाँ...

बारह

आख़िर कब होगा पूरा यह स्वाँग?
कब मिलेगा इस नाटक से निस्तार?
चेतना पर भार!

कब तक अन्याय?
होगा कोई काव्यात्मक न्याय?
या यूँ ही रहोगे अधूरे स्वाँगों के नटसम्राट!

चुप्पी
या
सूक्ति?

श्रुति
या
कविता?

असहनीय अब अमूर्तन!
स्पष्ट गद्य में बोलो,
खोलो—ख़ुद को—

मैं लहूलुहान—ख़ुद को समेट आर्तनाद करता हूँ। कहाँ पाऊँ उसे जिसने मेरा किरदार गढ़ा है। अपनी विक्षिप्तता में गर्जना करता हूँ। इस अधूरेपन के कोलाहल में भागने का अब और कोई उपाय नहीं है। दुनिया के क़ायदों और

वबाल से अलग अपनी ही फ़िक्र-ओ-धुन में उलझा हुआ देखता हूँ—एक भड़की हुई भीड़ दौड़ी आ रही है मेरी तरफ़...।

तेरह

चित्त इतना खिन्न, भावना सूत्र इतना उलझा
कि भय है कहीं कह न दूँ—
प्रेमिका को माँ!

जन्मजात वैरागी-सा
जब-जब स्त्रियों के निकट गया,
ख़ुद में भागता आया!

बारहा टूटा हवा के झोंकों से
रुई की तरह उड़ता,
बिखेरता धनक के रंग
विद्युत की यातना सहता
अवसाद का अनुवाद—
एक रूप
एक रस
एक रंग...
होना चाहा।

चौदह

जाने किन शहरों, किन क़स्बों, किन गाँवों में निकलता चाँद
याद को वहाँ से यहाँ खींच रक़ीब की तरह पटक देता मेरे पास

यूँ लेता वह चुपचाप मेरे सब्र का इम्तिहान
शाम को जब बढ़ने लगती धीरे-धीरे नदियों की बेकली
घुटन का धुआँ जब लगता एक ही पल में दबा देगा गला
दिल टूटता इतनी किरचों में—सँभालना मुश्किल!

पन्द्रह

जीवन जीने के लिए ज़रूरी क्यों इतनी निष्ठुरता,
मनुष्य कठोर क्यों इतना?

मैं कठोरता ला नहीं पाता,
इसलिए कहीं जा नहीं पाता

ख़ुद को नष्ट करता हूँ—
ख़ुद को बचाने के वास्ते
रोज़ जाने कितने ख़ून होते ख़ुद के भीतर, ख़ुद को जिलाने के वास्ते
इतने मुँह हैं कि एक को पिलाता हूँ पानी तो दूसरा माँगता है शराब!

इतना व्यापक है भावना का रोज़गार
कि ख़ुद की ख़ुशी के लिए ख़ुद को ही देना पड़ता है दुख
किसी से मिलने के लिए उसी पल बिछड़ना होता है किसी और से
एक साथ नहीं हो सकता सबसे प्यार!

आज ख़ुशी दे रहा है जो कल करेगा उदास
ख़ुद को ज़मींदोज़ करने के लिए खोद रहा हूँ क़ब्र
गहरी और गहरी होती जा रही क़ब्र,
ऊँचा और ऊँचा होता जा रहा क़द
मुसलसल कशमकश,

हाथ में कुदाल
पसीने-पसीने गिन रहा एक-एक साँस...

सोलह

अब,
नाटक घोषित हो चुका,
वह कुछ नहीं कर सकता।
दर्शक उपस्थित हैं,
वह कुछ नहीं कर सकता।
पर्दा उठ चुका,
वह कुछ नहीं कर सकता!

उसके मनुष्य ने असहयोग कर दिया,
उसके भीतर के अभिनेता से।

वह नदियों में उतरने से बचा,
स्वाँगों में डूबने से बचा,
लेकिन अब नदियाँ दौड़ती हैं लहर बन,
स्वाँग ढूँढ़ते हैं अपना आकाश...

उसे कोई सिरफिरा मत समझना—
दीवानेपन में कभी हँसता, कभी रोता
कभी इसका नाम बकता, कभी उसका
कभी एक नाटक के संवाद बोलता, कभी दूसरे के—
अधूरे स्वाँगों का बोझ सिर पर उठाए दर्शकों को देखता
कोई नट—
मंच पर मौजूद!

अब,
कहीं नहीं अभिनय,
वह कुछ नहीं कर सकता।
नहीं याद संवाद,
वह कुछ नहीं कर सकता।
तुम्हें देखना है स्वाँग?
वह कुछ नहीं कर सकता!

सत्रह

जब भी दुनिया को देखता हूँ—भावना के स्तर पर—
महसूस करता हूँ एक उदासीनता।

यह उदासीनता अवशेष है—अस्तित्व के लिए अपनाई गई निष्ठुरता का...

यह सब तरफ़ है—
अंत
से
आरंभ
तक!

अठारह

इतना प्रेम है अधूरेपन से
कि अब कोई स्वाँग पूरा नहीं करना चाहता।

सुखी होना पाप है!

एक छलाँग,
एक बार में पूरा नहीं होता स्वाँग,
अधूरा ही रहता है...

चाहता हूँ अब डूब जाऊँ,
देखता हूँ नदियों में कम पड़ गया पानी!

मृत्यु के विषय में सोचना अपमान है जीवन का,
लेकिन इसका क्या कि बार-बार मरा हूँ मैं,
किसी नदी की सतह पर तिर रही है मेरी देह
मछलियाँ चुग रही हैं—*धीरे... धीरे... धीरे...*